波起东海

——中日海上岛屿争端的由来与发展

张剑锋　著

海洋出版社

2015 年·北京

图书在版编目（CIP）数据

波起东海：中日海上岛屿争端的由来与发展 / 张剑锋著. —北京：海洋出版社，2015.1

ISBN 978 – 7 – 5027 – 9011 – 0

Ⅰ. ①波… Ⅱ. ①张… Ⅲ. ①钓鱼岛问题－研究 Ⅳ. ①D823

中国版本图书馆 CIP 数据核字（2014）第 282087 号

责任编辑：高朝君

责任印制：赵麟苏

海洋出版社　出版发行

http://www.oceanpress.com.cn

北京市海淀区大慧寺路 8 号　邮编：100081

中煤涿州制图印刷厂北京分厂印刷

2015 年 1 月第 1 版　2015 年 1 月北京第 1 次印刷

开本：787 mm×1092 mm　1/16　印张：12.75

字数：143 千字　定价：48.00 元

发行部：62132549　　邮购部：68038093

编辑部：62100038　　总编室：62114335

海洋版图书印、装错误可随时退换

序

党的十八大提出了"建设海洋强国"的战略目标，古老的中华民族再次迈入经略海洋、放飞蓝色梦想的时代。但是，环顾周边，我国面临的海上形势异常严峻，不仅各种海洋资源被频频掠夺，而且还有部分海域被分割，岛礁被他国非法侵占，直接威胁了我国海洋经济发展和国家安全。

冷静反思之，出现当前的局面，既有深刻的现实背景，又有复杂的历史原因。其中，特别值得引以为鉴的，就是长期以来我们自身海洋意识的淡薄。虽然中华民族很早就认识到了海洋带来的"渔盐之利""舟楫之便"，提出了"历心于山海而国家富"的思想，并且于15世纪一度创造了郑和七下西洋的伟业，但必须承认，在历史上的大部分时期，特别是人类海洋文明蓬勃发展的近现代时期，中华民族不论是在对海洋重要性的认识，还是在开发利用海洋的实践方面，都是相对落后的。正是这种落后与不足，在很大程度上为世界列强和部分周边国家抢占、瓜分我国海洋领土，掠夺我国海洋资源，创造了条件。

认识真理是践行真理的第一步。要实现"建设海洋强国"的目标，一项重要的工作就是要不断提高全民族的海洋意识，从根本上改变"重陆轻海"的传统观念。令人欣慰的是，近年来，一种关心海洋、关注海洋的社会风气正在形成，有越来越多的社会各界人士开始投入到海洋问题的研究中，一批重要的理论成果、先进技术陆续推出，大大提高了我们对海洋问题的认识水平和利用、改造海洋环境的能力。《波起东海》一书就是这些成果中的一部力作。该书以通俗易懂的语言，对中日之间琉球和钓鱼岛问题前后四百年的历史进行了系统梳理，详述了事件的发展过程，总结了其中的经验教训。特别是该书在叙事的同时，注重对史实的严谨考证，对一些问题提出了新的见解，力求做到观点鲜明、资料翔实、内容准确，可作为广大读者全面了解、认识中日东海问题和开展海洋观教育的参考读物。

当前，全国各族人民都在为实现中华民族伟大复兴的"中国梦"而奋斗。让我们一起努力，继续为提高全民族海洋意识，推动国家海洋事业发展，巩固国家海上安全做出新的贡献，不断在认识海洋、经略海洋、保护和利用海洋的进程中，取得新的胜利，以"海洋梦"支撑和托举"中国梦"！

谨此为序！

2014 年 11 月于北京

尹卓，著名海洋问题专家，海军少将。

前　言

　　自 2012 年以来，中日之间关于钓鱼岛的主权争端愈演愈烈，成为国内外广泛关注的焦点问题。由于种种原因，目前国内系统介绍这一问题来源和发展过程的文献资料还比较缺乏。同时，散落在各种论文、书籍中的关于这一问题的分析论述，存在许多不够系统和全面的地方。这种情况无疑对于社会各界详细了解和正确认识钓鱼岛问题，以及进一步开展有关研究十分不利。我们撰写本书的主要目的，就是要给关注中日钓鱼岛问题的各界人士，提供一个关于这一问题来源和背景的比较全面和详细的介绍，让大家能够相对容易地了解这方面的实际情况和准确信息。

　　如果仅就其来源而言，毫无疑问，中日之间的钓鱼岛问题可以称得上是当今世界最为复杂的国际领土争端之一。这一问题的产生和演变经历了一个很长的时间过程，第二次世界大战后更出现了"三国四方"卷入其中的复杂局面。从历史的发展过程看，中日之间的东海岛屿争端还不仅限于当今的钓鱼岛问题。在过去几百年间，特别是 19 世纪中后期，琉球的争夺才是中日东海矛盾的重心和焦点。而钓鱼岛问题的产生本身就是与琉球问题密切相关的。为了让读者更清楚地了解钓鱼岛问题的产生背景，也为了让大家更全面地认识中日东海矛盾发展的整个过程，本书先后对上述两个问题做了介绍。所以，本书的名称确定为"海上岛屿争端"，而不是"钓鱼岛问题"。考虑到各方面读者的需求，我们在文字表述上力求融知识性和通俗性于一体，使大家既能了解有关背景知识，又不至于太过枯燥、乏味。由于东海问题的复杂性和本人研究水平的欠缺，虽然对有关情况做了认真研究和详细考证，但其中的不足之处在所难免，希望各位专业人士和普通读者批评指正。

本书在写作过程中，得到瞿定国、刘少东、贾宇、罗欢欣、张良福等专家学者的指导，也得到张承涛、张兆峰、彭廷华、王鹰、郭伟、邓智嘉等领导和同事的帮助，著名海洋问题专家尹卓将军审读书稿并欣然作序，一并表示谢意！也希望大家和我们一起，继续关注和研究中日东海问题，为维护国家海洋权益，促进东亚地区和平发展贡献力量！

作　者

2014 年 11 月于北京

目 录

引　子

　　日本是一个处于东亚、西太平洋地区的岛国，全国大部分是山地，相比于物产富饶的亚洲大陆地区，其自然资源比较匮乏，国内市场狭小，再加上历史和文化传统的原因，它一旦兴起很容易走上向外扩张的道路。由于所处的特殊地理位置，日本向外发展大体上会沿着两个方向前进：一是在大陆方向，首先占领朝鲜半岛，然后以朝鲜半岛为跳板，向中国的北方进攻并步步深入；二是在海上方向，先是沿着琉球群岛南下，逐步迫近中国的台湾，一旦得手，即以台湾为根据地，向中国南方腹地进攻，或向

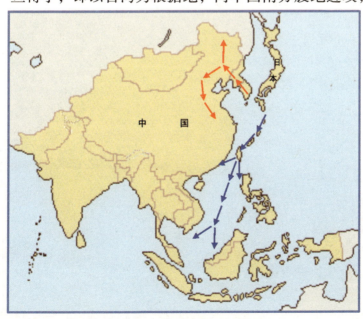

图 0.1　日本对外扩张示意图（红箭头表示大陆方向，蓝箭头表示海上方向）

南洋（即东南亚）地区发展。中国是东亚地区的传统强国，无论日本向哪个方向前进，都将面临和中国的冲突。可以说，中国是日本走向世界，成为世界强国必须要迈过的一道门槛。而今天的钓鱼岛问题，就是 16 世纪末和 19 世纪下半叶，伴随着日本的两次兴起而发生的中日之间两次大交锋的产物，可谓中日两强相遇东海，一波未平，一波又起……

一、早期的琉球纷争

日本统一与侵朝战争

我们先说说这两次交锋中的第一次。这次交锋的时间起点是1590年丰臣秀吉统一日本。实际上，按照16世纪下半叶日本历史的走向，完成全国统一的使命本来轮不到丰臣秀吉，而应该是另外一个人——织田信长。在织田信长在世的时候，结束纷乱的战国时代，推进全国统一的事业已经获得了很大的进展。但是，这个进程被一个突发事件给打断了。1582年6月，织田信长在日本京都的本能寺遭到了其部将明智光秀部队的突然袭击，并在战斗中身亡，这就是著名的"本能寺之变"。这件事是日本历史上的一个千古谜案，直到现在谁也说不清楚明智光秀到底出于何种动机和考虑而决定刺杀织田信长。织田信长死后，统一全国的大旗就转到了他手下的一个大将丰臣秀吉（当时叫羽柴秀吉）的肩上。经历了一番艰苦奋战以后，在织田信长死后8年，也就是1590年，丰臣秀吉终于完成日本全国的统一。

关于丰臣秀吉这个人，中国人可能比较熟悉。其实在日本国内，历代史学家对丰臣秀吉本人的评价还算不低，他是一个军事家、政治家，而且还是个比较有胸怀的人，能够包容各方。但是，随着日本全国的统一，丰臣秀吉对外称雄的野心和欲望迅速膨胀。就在日本统一前后，他开始给周边国家写信，意思是说我即将统一日本，现在我们日本武功强盛，不可抵挡，你们赶紧向我称臣纳贡，尊我为上国。他一共给这么几个地方写了信——朝鲜、琉球、中国台湾和当时作为西班牙殖民地的菲律宾，最远甚至到了作为葡萄牙殖民地的印度果阿。可见其野心非常之大。并且，早在统一的前两年，也就是1588年，他就派人拟定了一个"假道攻明"（也就是借道朝鲜，进攻明朝）的计划，把扩张的矛头直接指向了中国。

1592年3月，丰臣秀吉以朝鲜拒绝称臣和满足他"假道攻明"的要求为借口，派遣15万大军大举进攻朝鲜。日军自釜山登陆后一路北上，连破汉城、平壤，迫使当时的朝鲜国王李昖一度退到中朝边境一带。在这种情况下，朝鲜不断向中国明朝求援，形势万分危急。据史书记载，朝鲜向北京求援的信使"前后不绝，相驰于道"。当时的朝鲜是明的一个藩属国。在得到朝鲜的请求以后，明朝的万历皇帝迅速做出了出兵援朝、抗击日本侵略的决策。这场战争前后持续了七年，在朝鲜被称做"壬辰卫国战争"，在中国叫"万历援朝之战"，在日本被叫做"文禄－庆长之役"。到1598年8月，由于战争进行得非常不顺利，丰臣秀吉本人于郁闷之中在京都附近的伏见城去世。丰臣秀吉死后，在他手下的几个重臣前田利家、德川家康等人决策之下，侵朝日军于当年年底前陆续撤退回国。在撤退过程中，日军又遭到中朝联军的歼灭性打击。

随着丰臣秀吉的故去，日本原来的统治集团迅速发生了分化，形成了支持德川家康的一派和反对德川家康的一派。1600年，两派势力进行了著名的关原之战（也称"关原合战""关原决战"），德川家康大获全胜，从此逐步取得了在日本全国军事、政治上的主导权。到1603年，德川家康从天皇那里得到"征夷大将军"的封号，在江户正式建立幕府。至此，统治日本260多年的德川幕府时期，也就是江户时代正式开始。到1615年，德川家康派兵第二次围攻大阪，丰臣秀吉之子丰臣秀赖和他的母亲自杀身亡，德川家康终于彻底消灭了丰臣氏的残余势力，掌握了全国政权。

织田信长　　　　　丰臣秀吉　　　　　德川家康

图1.1　16世纪末、17世纪初日本历史上的几位重要人物

萨摩侵琉事件

以上是陆上的情况，那么海上的情况怎么样呢？在此次较量中，中日两国在海上发生斗争的时间比陆上要晚一些，主要是围绕1609年日本萨摩国入侵琉球事件展开的。

琉球群岛位于日本本州岛和中国台湾岛之间，东临太平洋，西濒东海，是扼控太平洋西部海域的战略要地。琉球群岛由数个呈东北—西南弧状布列的岛群构成，从北向南依次是：大隅群岛、吐噶喇列岛、奄美群岛、冲绳群岛（琉球本岛）①、先岛群岛（包括宫古列岛和八重山列岛）。这些岛群蜿蜒 1 000 余千米，总面积约 4 600 平方千米，其中最大的冲绳岛（琉球本岛）面积 1 176平方千米。历史上，琉球王国的传统疆域范围大致包括今天的奄美群岛、冲绳群岛（琉球本岛）和先岛群岛所在的区域。从 1372 年（明洪武五年）开始，琉球与中国的明朝正式建立了封贡关系，也就是藩属关系。在 1374 年（明洪武七年），明靖海侯吴桢率领的部队在东海海上执行清剿倭寇的任务时，追击敌人一直到琉球。当时，琉球也深受倭寇的袭扰，应琉球察度王的请求，吴桢率领的明军部队曾在琉球有过驻留。

中琉之间的封贡关系是什么意思呢？就是琉球要定期向中国的朝廷（先是明，后来是清）进贡，中国新皇帝即位琉球要派人来朝贺，琉球新国王的嗣立要得到中国皇帝的正式册封。琉球与中国的这种政治关系一直持续到 19 世纪中后叶琉球王国被日本吞并。在藩属关系刚开始的时候，琉球还不是一个统一的国家，它分为山南、中山和山北三个国家。到 1429 年，琉球王尚巴志完成全国统一。由于与中国长期交往，琉球的文化深受中国影响。在灭亡前，琉球一直使用汉字，甚至琉球历代王室的"尚"姓也是由中国明朝宣宗皇帝（朱瞻基）1430 年给予的赐姓。中国与琉球国的这种藩属关系，在册封使陈侃等人的《使琉球录》中，都有清晰的记载。

---

① "琉球"（英文为 Ryukyu）是一个在历史上长期使用的称谓，而"冲绳"（英文为 Okinawa）只是一个 1879 年日本吞并琉球王国后才出现的名称。

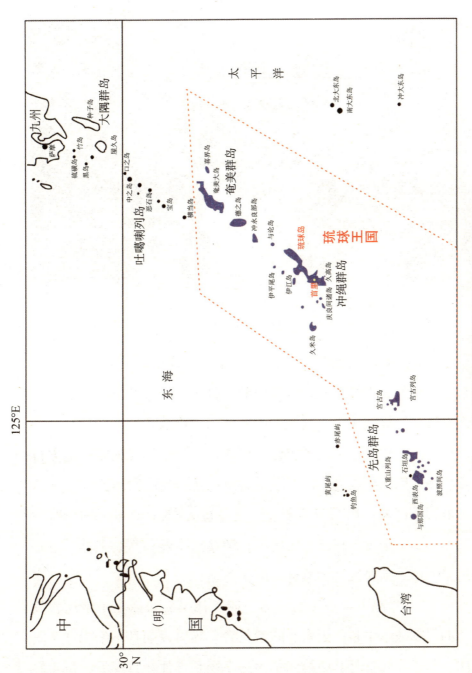

图 1.2 琉球群岛组成和琉球王国的传统疆域范围示意

（注：为了便于读者对照，图中标示均采用现今岛名）

图 1.3　琉球王国遗迹——守礼门

　　萨摩是日本九州岛南部的一个藩国，就是现在的鹿儿岛县。封建时期的日本长期实行幕藩体制，幕府是国家的中央政府，下面有各个等级的藩国。这些藩国在政治上服从幕府的领导，并承担一定的军事、经济义务，但它们还是一个个相对独立的地方行政实体。明治维新进行的一项重大改革就是"废藩置县"，统一全国的行政区划。在 1871 年进行"废藩置县"时，日本全国还有大大小小 261 个藩。在日本历史上，萨摩这个藩一直是强藩，也是后来明治维新时发动倒幕运动的主力之一。

　　在 16 世纪末，萨摩藩的藩主叫岛津义弘，他在丰臣秀吉发动的侵朝战争中是一个重要的参与者。当时侵朝日军编为九个军团，岛津义弘就是其中第四军团的军团长。他和日军另一位年轻将领立花宗茂，是中朝军队在朝鲜陆地战场遇到的两个劲敌。也就是说，岛津义弘率领的萨摩藩部队是侵朝日军中一支比较能征善战的部队。在丰臣秀吉死后的关原之战中，岛津义弘联合各路诸侯一起反对德川家康。关原之战结束后，德川家康本打算直接派兵到九州把萨摩国给灭了。为了逃避德川家康可能的打击，岛津义弘和他的家族想了两个办法：一是设法找到德川家康身边的部将——井伊直政，通过他为自己说情，表示对德川家康的臣服；二是岛津义弘赶紧把藩主的位子交给自己的儿子岛津忠恒（后来改名岛津家久），自己找了个地方偷偷隐居起来，回避和德川家康的矛盾。最终，通过这些努力，岛津家族还是成功保住了封地，避免了一场可能的亡国之祸。

在成功地理顺了与新的德川幕府的关系之后，经过幕府的同意，岛津家久于1609年发兵入侵琉球。为什么此时萨摩国要入侵琉球呢？主要有两个原因：一是萨摩国连续参加了日本的侵朝战争和丰臣秀吉死后的日本内战，在这几场战争中，萨摩国的兵力、财政损失巨大，而它所处的九州南部以火山地形为主，农业又不怎么发达，财源有限，此次入侵琉球的直接目的就是通过侵略琉球，劫掠一些钱财，弥补自身的财政困难；二是日本发动侵朝战争以后，明朝针对日本的海上禁运更加严厉了，而琉球利用其地处东亚、西北太平洋海上中枢的特殊地理位置，通过大力开展与中国、日本、东南亚各国的海上贸易，每年可获得巨大利润，当时被称做"万国津梁"。萨摩入侵琉球的最主要目的就是企图控制和垄断东亚地区的海上贸易，从中赚取利益，保证自己的长期收入。

但打仗总需要一个冠冕堂皇的理由。岛津家族经过商议，找到了入侵琉球的两个借口：一是欠债不还；二是忘恩负义。什么叫欠债不还呢？富国怎么可能欠穷国债呢？在丰臣秀吉准备出兵入侵朝鲜的时候，萨摩国曾经给当时的琉球国王尚宁写过一封信，大体意思是：此次作战我们的关白（丰臣秀吉）命令我们两国一共出兵15 000 人，考虑到你们的情况，出兵的事由我们萨摩一家来承担，你们只需要赶快向我们运送可供给7 000人12 个月的军粮就行了。当时日本刚刚统一，国势正盛，琉球是个小国，惹不起萨摩，最后不得不向萨摩输送军粮，但只运去了预订数额的一半，剩下的一半就成了"欠债"。萨摩屡次催促这笔欠债，都遭到琉球的拒绝。什么叫忘恩负义呢？开战前萨摩曾这样指责琉球说，"过去鬼井武藏曾提出想当琉球国王，是我们念及旧情向太阁（丰臣秀吉）反复请求，这件事才告终止，而你们却不感谢我们。前年你们的船只漂到我们这里，我们派人送回，你们也没有回报之礼"等等，总之就是你对不起我们。这两个理由都是典型的"欲加之罪，何患无辞"。

找到借口后，1609 年3 月4 日，岛津家久派萨摩国大将桦山久高率3 000 士兵，乘100 多艘战船从九州南部的山川港出发南下入侵琉球。萨摩军队久经战阵，战事进行得非常顺利。3 月8 日，萨摩军登陆并迅速占领奄美大岛。4 月5 日，在琉球本岛登陆的萨摩军队又一举攻占琉球首府首里城（今天的那霸附近），俘虏琉球国王尚宁。萨摩军队在琉球进行了大肆的抢掠和破坏，并把国王尚宁劫回日本。在逼迫尚宁写下"誓文"（保证书）的情况下，萨摩军队于两年后（1611 年9 月）才将其放回。从此，萨摩左右和控制琉球国政长达45 年之久。

明朝的反应

那么发生萨摩入侵事件以后，琉球的宗主国——当时的中国明朝廷是怎么反应的呢？我们看一看有关的记载。[①]

万历三十七年(1609 年)冬，"王遣王舅毛凤仪、长使金应魁等弛报兵警，致缓贡期。福建巡抚陈子贞以闻"。——《中山世谱》

"日本果以劲兵三千入其国，掳其王，迁其宗器，大掠而去。浙江总兵官杨宗叶以闻，乞严饬海上兵备，从之"。——《明史》

万历四十四年(1616 年)，尚宁王遣使，告诸日本有取鸡笼山(台湾)之谋，明神宗又"诏海上警备。"——《中山世谱》

《中山世谱》是琉球王国用汉字书写的国史。从以上记载可以看出，明朝廷对此次事件的反应大体就是知道了，让沿海做好御敌准备。1597 年 1 月，当朝鲜战事再起的时候，也就是丰臣秀吉第二次派兵大举入朝的时候，明军援朝的部队一度达到 10 万人左右，并出动了云南、四川的部队以及江苏、浙江一带的江南水师。可以说，明朝廷对侵朝日军绝对是要大张挞伐(tà fá)，坚决打击。相比之下，同样是自己的属国遭到日本的侵略，明朝廷对萨摩入侵琉球的反应可谓"不紧不慢，不痛不痒"，看上去一点儿都不着急。是什么原因造成这种反差呢？

---

① 转引自米庆余：《琉球历史研究》，天津：天津人民出版社，1998 年，第 88 页。

可能有这么两个方面。

第一，从直接的影响看，丰臣秀吉出兵入侵朝鲜，是把扩张的兵锋直接对准了中朝两国。当时明朝廷也认为"倭奴狂逞，掠占属国，窥犯内地"，丰臣秀吉这一步要灭亡朝鲜，下一步就是要进攻中国。明朝自身感受到了日本的威胁，因此出兵援朝的动力很大。而这次萨摩对琉球的入侵规模较小，目的也有限，在当时的明朝廷看来，对自身还构不成直接的威胁。由此，虽然明朝廷确实有义务也有足够的实力来干预这次事件，但还是因动力不足而作罢。

第二，也是最根本的原因，琉球和朝鲜对明朝廷的重要性不同。明朝是一个带有很强封闭性的大陆农业国家，它的政治军事活动、经济社会生活长期以大陆为中心，面临的国家安全威胁主要是来自陆上。这种特殊的社会形态导致它对海洋岛屿对国家安全、经济生活的重要性认识不足。在中国包括明在内的历朝统治者看来，虽然同样是藩属国和近邻，但琉球与朝鲜的重要性是不可相提并论的。朝鲜是个处于大陆边缘的半岛国家，陆地疆界与中国直接毗连，一旦日本或其他国家占领朝鲜，很快就会威胁到中国的北部，直接对中国王朝的统治构成重大的、根本性的威胁。所以，历代统治者都把朝鲜看做是国家安全的屏障，当作必争必保之地。而琉球地处海上，距离中国相对较远。在一个长期以大陆为中心的封闭的农业国家统治者眼里，无论在军事上还是经济上，琉球都没有太大的利用价值，对国家全局而言，它显得"无足轻重，无关痛痒"，甚至被当作一块"食之无味，弃之可惜"的鸡肋。在过去很长的时间里，琉球王国对中国封建王朝而言，最大的作用恐怕就是以称臣纳贡的形式，帮衬一下王朝"君临天下，万邦来朝"的盛世局面而已。这种对琉球的认识，成为中国最终失去琉球的根本原因。

或许，今天的我们不能过多地责难前人，因为这种认识是那个时代的必然产物。只要国家的社会形态不改变，这种思想观念、思想认识也就不会改变。明朝败亡之后，清的社会形态和明差不多，所以直到200多年以后，清朝的政治家们依然"很好地"延续了把琉球看做"鸡肋"的这种浅见和短视，在后面的讲述中我们还能听到他们非常直白的言语。

侵琉后果

从中日第一次交锋的情况看，中国通过援朝战争成功地阻止了日本在亚洲大陆上的扩张。然而，日本在海上通过萨摩入侵琉球事件，略有所得。由于当时的明朝廷未能采取有力的措施对日本的海上扩张进行干预，此次入侵事件产生了两个重要的后果。

第一，出现了日本领土边界的南移。正是通过这次入侵事件，萨摩强迫割占了琉球王国的北部五岛（喜界岛、大岛、德之岛、永良部岛和与论岛，即现在的奄美群岛）。所以，直到今天，奄美群岛在行政上还和大隅群岛、吐噶喇列岛一起归鹿儿岛县管

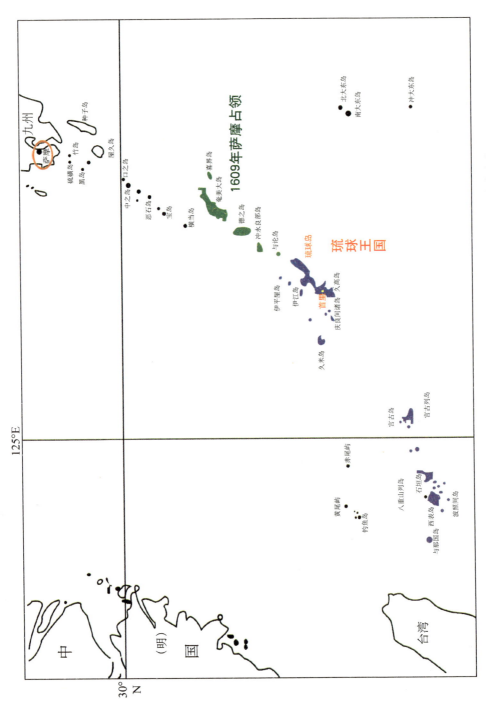

图1.4 萨摩入侵后琉球王国统治区域的变化（注：图中标示采用现今岛名）

辖，统称为萨南群岛，冲绳县实际管辖的只是南边的冲绳群岛（琉球本岛）、先岛群岛。

第二，尤其重要的是，此次事件造成了所谓的琉球王国的"一国两属"问题。在萨摩入侵之前，琉球只向中国的明朝廷进贡。而萨摩入侵以后，琉球王国一方面要向中国的明朝廷进贡，另一方面又要向日本的萨摩国和德川幕府进贡。这就是所谓的琉球"一国两属"问题。与长期以来向中国朝廷的自愿臣服不同，琉球王国向萨摩国和德川幕府的臣服完全是在日方武力的侵略和胁迫下被逼无奈的选择，纯粹是一个在政治上、军事上以强凌弱的产物。正是这个所谓的"一国两属"问题为中日之间200多年后在琉球问题上的再次较量埋下了伏笔。

二、琉球问题的再次较量

明治维新与日本的崛起

中日之间第二次大碰撞、大交锋的时间起点应该是 1868 年。在近代史上，日本遭受西方入侵的时间比中国略晚，一般以 1853 年 7 月美国东印度舰队司令佩里率舰队闯入东京湾（当时称江户湾）和翌年 2 月佩里舰队第二次来访时《日美亲善条约》（即《神奈川条约》，签订时间 1854 年 3 月 31 日）的签订为标志。此后，随着西方列强侵略的加剧，日本的国内矛盾不断上升，反对德川幕府的势力不断发展，最终导致了 1868 年的倒幕战争（戊辰战争）。这场战争以德川幕府的垮台结束，日本从此进入了"向明而治，百事一新"的新时代。

1868 年 4 月 6 日，在天皇率领群臣举行的誓祭典礼上，明治政府正式公布了新政权的施政纲领，也就是著名的五条誓约：①

---

① 转引自伊文成，马家骏：《明治维新史》，沈阳：辽宁教育出版社，1987 年，第 355 页。

一、广兴会议，万机决于公论；

二、上下一心，大展经纶；

三、公卿与武家同心，以至于庶民，须使各遂其志，人心不倦；

四、破旧来之陋习，立基于天地之公道；

五、求知识于世界，大振皇基。

除了这个誓约，在举行宣誓仪式当天的晚些时候，明治政府还以天皇给群臣亲笔信的形式，发布了一个《安抚亿兆宸翰》。这个《宸翰》说得十分动听，其中写道："今膺朝政一新之时，天下亿兆，有一人不得其所，皆朕之罪"，"故而，朕与诸侯百官广为相誓，欲继承列祖伟业，不问一身艰难，亲营四方，安抚汝等亿兆，欲开拓万里波涛，布国威于四方，使天下置于富岳之安……"①这就是那句非常著名的"开拓万里波涛，布国威于四方"的出处。

当时的明治天皇睦仁只有 16 岁，以上誓约和宸翰很显然不是他写的。这些政治纲领主要出自于维新派的代表人物木户孝允和由利公正等人之手，虽然其中有些言语比较含糊，但基本表明了明治政府刻意求新、开国进取的强烈意愿。同时也可以看出，明治政权的核心人物们不仅仅非常迫切地希望对日本国内的政治、经济和社会制度进行一场脱胎换骨的变革，还在一开始就把日本未来生存发展的方向瞄准了海外、国外。可以说，此时的日本兴起了一个极具能力又极具眼光和雄心的领导集团。正是在

---

① 转引自米庆余：《日本近现代外交史》，北京：世界知识出版社，2010 年，第7、8 页。

这样一个集团的领导下，日本在之后短短的几十年间从一个孤悬于东亚海上的小小岛国，一跃成为东亚地区的霸主，并在世界的军事和政治格局中成为一支主导力量。

扩张准备

在上述政治纲领的指导下，在维新开始以后的第一个十年里，也就是19世纪70年代，明治政府在处理与周边国家的关系方面做了两件大事：一是着手征韩；二是吞灭琉球。

"征韩论"最早由"维新三杰"之一的木户孝允于1869年初提出，当时倒幕战争还没结束。到了19世纪70年代初，"征韩论"最主要的鼓吹者是西乡隆盛。围绕是否征韩的问题，当时的明治政府内部分裂为以西乡隆盛为首的"征韩派"和以大久保利通、岩仓具视为首的主张内治优先的"内治派"。两派之间展开了激烈的斗争。最终，"内治派"获得胜利。这次斗争直接导致了1873年10月维新第一功臣——西乡隆盛的辞职和这之后大久保利通政权的建立。大久保利通号称"东洋的俾斯麦""维新第一政治家"，虽然在与西乡隆盛等人的争论中，他反对征韩，但是掌握政权后，他推动入侵朝鲜的步伐一点儿都不慢。1875年9月，日本挑起"江华岛事件"，并于第二年（也就是1876年）又以武力相威胁，迫使朝鲜签订了《江华条约》。在这之后，日本对朝鲜的侵略和控制不断升级，中日之间围绕朝鲜半岛的争夺日益激烈，不断升温，最终导致了1894—1895年的中日甲午战争。

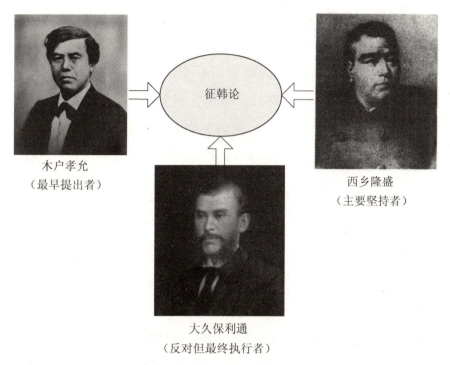

木户孝允
（最早提出者）

征韩论

西乡隆盛
（主要坚持者）

大久保利通
（反对但最终执行者）

图2.1 "征韩论"与"维新三杰"

除了朝鲜这个主战场，在南方也就是琉球方向的事态是怎么发展的呢？相对于日本，琉球是个小国和弱国，而且当时的琉球还与日本存在着政治上的附庸关系。这些都为日本吞并琉球提供了有利条件。但是，日本政府还不敢直接动手。为什么呢？因为琉球不仅仅是日本的属国，同时还是中国（也就是清朝）的属国。而在当时，无论是在国力、军力，还是政治影响方面，维新之初的日本还远远不能和东亚地区的传统强国中国相比。因此，日本要想吞并琉球，必须首先解决一个问题，就是要设法结束琉球王国在政治上的"两属"状态，使日本成为琉球的单一宗主国，然后再行兼并，以此来规避直接吞并可能带来的政治风险。

明治政府中第一个系统提出吞并琉球王国这一主张和想法的人是井上馨，他也是明治维新中的一个重要人物。在维新过程中，他在外交、金融和实业方面为日本的发展做出了很大贡献。1872年(明治五年)5月30日，时任大藏大辅(相当于财政部副部长)的井上馨向日本政府提出了一个变琉球王国为日本所属的建议，即《井上意见书》。在这份意见书中，他写到，琉球"起伏于南海之中，乃一方要冲，皇国之翰屏，犹如手足之于头目，尽运作之职，可供捍护之用"，"然彼从前奉中国正朔，接受册封，我未匡正其携贰之罪，上下暧昧相蒙，以致数百年，甚为不妥"，"现今百度维新，终究不可置之不理，宜肃清从前暧昧之陋辙，采取措施，扩张皇国规模"。①

日本政府对这份意见书进行了专门的研究，没有完全采纳这个建议。但这份意见书确实体现出了日本谋取琉球的一个总体思路和步骤。这份意见书的核心思想就是两点：一是为什么要南取琉球。是因为琉球的地理位置非常重要，对于日本"犹如手足之于头目"，一旦获得琉球就可以加强日本本土的海上防御，并作为日本向海外发展的基地；二是怎么取琉球。就是要"肃清从前暧昧之陋辙，采取措施"，即首先结束琉球的"两属"状态，然后再行夺取和吞并。正是按照这样一个"两步走"的总体方略，日本政府在琉球问题上展开了与清朝政府的激烈较量。

① 转引自米庆余：《琉球历史研究》，天津：天津人民出版社，1998年，第111页。

有机可乘

首先，为了改变琉球的"两属"状态，明治政府接连采取了两个重大步骤：一是始封琉球国王；二是利用"牡丹社事件"，发动对台湾的进攻。

始封琉球国王是指1872年（明治五年）9月14日，日本政府利用琉球使节团抵达东京拜见天皇之际，突然宣布改变以往的日琉关系，册封琉球国王尚泰为藩王，并列入华族。在历史上从来没有琉球国王接受天皇册封的先例，这是破天荒的第一次。日本政府在这次册封的诏书中公然说道："尔尚泰能致勤诚，宜予显爵，升为琉球藩王，叙列华族。"①从表面上看，这句话是对尚泰的一种肯定和褒奖，但实际上日本政府的真实意图却是要通过这种加封奖励来强化其与琉球的君臣和上下级关系。可以说，这次册封是日本新政府强行改变日琉政治关系的第一步，其吞灭琉球的野心自此昭然若揭。接下来，第二步，为了实现吞并琉球的目的，日本政府又一手策动了一起对琉球王国命运乃至中日关系未来走向产生重大影响的事件，即1874年的日本侵台事件。下面大概介绍一下这一事件的经过。

日本侵台事件的直接起因是琉球王国遇海难船民在台湾被杀

---

① 转引自米庆余：《琉球历史研究》，天津：天津人民出版社，1998年，第114页。

的"牡丹社事件"。1871 年 12 月，有两艘琉球王国的船只在海上遭遇飓风，漂到了台湾的东海岸。这两艘船只分别属于琉球王国的八重山岛和太平山岛（也就是宫古岛）。结果，八重山岛的这艘船得到了台湾当地民众的救助，顺利登岸。而太平山岛的这艘船则在台湾南部的琅峤，也就是现在台湾最南部恒春半岛的北瑶湾触礁沉没了。船员凫水上岸以后，与当地牡丹社的居民——排湾人（高山族的一支）发生了冲突。这艘船上原有 69 人，3 人在海上遇难，上岸的共有 66 人，结果在冲突中被杀 54 人。后来，第一艘船上的人和第二艘船上幸存的人都被转送到了台湾府衙门进行安置，在 1872 年初又被台湾地方政府护送到了当时台湾的上级——福建省的省会福州，再于 1872 年中由福州转送回了琉球。

琉球船民被杀事件发生后，当时清廷驻福州的最高长官——福州将军兼署理闽浙总督文煜等人专门指令台湾地方政府，要认真查办，以儆强暴。同时，文煜等人又把这次事件的有关情况向北京朝廷做了详细汇报。1872 年 5 月，这件事由北京的报纸进行了报道。按当时的情况，这件事属于清朝的属国琉球王国居民与清朝福建省台湾地方的居民之间发生的一起刑事案件，由中国政府会同琉球王国政府一起来进行调查和善后处理就行了，和日本政府扯不上任何关系。但是，当时的日本政府正处心积虑地染指和吞并琉球，正需要一个破坏中国和琉球关系的借口，没想到遇到这么一个好机会。当一些居心叵测的日本政治人物得到琉球船民被杀的消息后，马上就加以利用，使事件扩大化，以期达到他们割裂中国和琉球之间政治关系和民众感情的目的。

外交试探

明治新政府成立以后，其决策层内部很早就形成了"征韩论"。但是，当时日本国力尚且比较弱小，政府内部在如何征韩的问题上存在着不同意见。一种意见认为，应该直接"逼以兵舰之威"，直接诉诸武力；另一种意见认为，应该采取迂回策略，先与中国缔结友好条约，提高日本的国际地位，然后再谋取朝鲜。结果，后一种意见占了上风。所以，明治政府决定采取日清交涉先行的办法，就是先和中国搞好关系，待其实力状况改善后再夺取朝鲜。

1870 年 7 月，日本政府派遣外务大丞柳原前光和外务少丞花房义质到中国进行邦交和通商的预备谈判。起初，清政府以"大信不约"为由，婉言予以拒绝。后来，柳原前光拿出一种非常诚恳的态度对当时清政府的重要决策者李鸿章说："英法美诸国，强逼我国通商，我心不甘，而力难独抗……惟念我国与中国最为邻近，宜先通好，以冀同心合力。"[①]这番话起了很好的作用，打动了李鸿章。根据日方使者的这个表态，李鸿章认为日本作为中国的邻国，同样遭受着西方列强的威胁和侵略，"纵不能倚为外援，亦可稍事联络"，清政府最终同意和日本进行正式的邦交和通商谈判。

---

① 转引自米庆余：《日本近现代外交史》，北京：世界知识出版社，2010 年，第 20 页。

1871 年，日本政府派出以大藏卿伊达宗城为全权大臣的代表团到中国进行谈判。但是，让清政府官员没想到的是，日本方面拿出的竟是一份以《中德条约》为蓝本的条约草案，要求以此为基础进行谈判。这哪里是想和中国一道"冀同心合力"抵抗列强，而分明是学着西方殖民主义者的手法，往中国脖子上套枷锁，企图通过这个条约从中国方面谋取与欧美列强同等的特权。清政府当然予以拒绝。后来，清政府按照平等原则自行拟定了一个条约草案，作为双方谈判的基础。在谈判过程中，日本使者依然费尽心机，巧妙措辞，尽可能为自己谋求一些不正当、不公平的利益，但都被中国代表严词拒绝。最后，因日本方面订约心切，大体还是按照清政府的意思，双方商定了修好条规 18 条，通商章程 33 条，形成了一份名为《中日修好条规》的正式条约文本（见附录 1）。1871 年 9 月 13 日，两国政府正式签订了该《条规》。这是近现代中日关系史上签订的第一个条约，而且确实是个平等条约。

但是，由于近代史上中日两国发展的不平衡性（日本作为一个新兴国家，通过明治维新的一系列重大变革，综合国力和社会文明水平正迅速提升，而中国作为东亚地区的传统强国虽然也兴起了一股学习西方的"洋务运动"的热潮，但整个社会没有进行根本性的改革，相对于日本的快速发展和崛起，中国实力的增长是缓慢的），特别是日本新政府采取的"开拓万里波涛，布国威于四方""失之于欧美，取之于邻国"的基本国策，注定了中日两国之间不可能存在这种平等关系。所以，《中日修好条规》签订之后，在双方换约过程中出现了问题。

首先，这个条约引起了西方列强的惊恐不安，他们纷纷照会日本，指责日本要和中国"结成攻守同盟"，共同对付西方。在列强的压力之下，当时的日本政府慌了手脚，马上要求与清政府修改条约。在遭到清政府拒绝后，日本政府迟迟不正式批准条约。最后，直到1873年4月双方才完成条约的换约。后来，由于日本政府不断地推动对琉球和朝鲜的侵略，这个条约根本就没有对他起到什么实际的约束作用，却在事实上更多地束缚了中国方面的手脚，以至于之后在双方关于包括琉球、台湾、朝鲜在内的各次斗争中，多次出现中国方面遵守条约，而日本方面屡屡违反，甚至对此置之不理的情况。看来，在国际关系的处理中，光靠诚实守信还是不够的。

那么，《中日修好条规》和"牡丹社事件"有什么关系呢？其实，在"牡丹社事件"发生后，日本政府很长时间并不知情。1872年5月，北京的报纸公开报道这一事件以后，当时正在北京与清政府交涉《中日修好条规》改订问题的日本外务大丞柳原前光首先看到了这个消息，并马上向日本外务省报告。得知消息后，日本官员伊地知贞馨、大山纲良和桦山资纪等人立即建议日本政府出兵台湾。当年年底，日本政府特聘前美国驻厦门领事李仙得（Charles W. Le Gendre）为外务省二等出仕。李仙得到任后，多次向日本政府建议利用这次台湾和琉球居民的相杀事件，趁机进兵台湾，尽快实现夺占台湾、澎湖和琉球等东亚战略要地的目标。①

---

① 伊文成，马家骏：《明治维新史》，沈阳：辽宁教育出版社，1987年，第557、558页。

1873年4月，经过一段时间的酝酿以后，日本政府派遣以外务卿副岛种臣为首的使节团出使中国。该代表团的使命在名义上是与中国方面完成《中日修好条规》的换约工作，并参加同治皇帝的亲政大典。但实际上，在代表团出发前，日本政府向他们布置了另外一项重要使命，即就琉球漂民被杀事件与中国交涉，探听中国方面的态度和虚实。4月30日，副岛种臣在天津与清朝直隶总督兼北洋大臣李鸿章会晤，并互换了《中日修好条规》的文本。5月5日，副岛使节团启程前往北京。到达北京以后，副岛种臣本人及其助手柳原前光等人按照日本政府的授意，专门就"牡丹社事件"与中国负责外务的主管部门——总理各国事务衙门的官员们进行了反复交涉，正式把"牡丹社事件"摆在了中日关系的政治舞台上。

在交涉过程中，中日双方的外交官员就"牡丹社事件"的性质及处置问题进行了多次激烈的辩论和交锋。为了造成自己独占琉球的既成事实，日本代表在交涉中采取了一个基本策略，那就是回避琉球的归属，把谈判的焦点引到台湾生番（也就是当地高山族土著民）及其居住地是否属于中国主权范围的问题上，就此反复诘问中国官员。他们想向中国方面交涉的问题，不是琉球到底是归中国还是归日本的问题，而是"现在台湾当地的土著人杀害了我国国民，台湾这个地方贵国政府仅治半边，东部土番之地，全未施及政权，我国将出师而问其罪，但考虑到番地与贵国府治犬牙接壤，我方认为如果不告诉贵国我们就出师讨伐，万一波及贵国，必将伤了两国和气，我们感到非常忧虑，所以预先向贵国说明"。

针对日方的这一提法，中国方面负责接待的两位官员毛昶熙和董恂立即进行了驳斥，他们说道："夫二岛俱我属土，属土之人相杀，裁决固在于我。我抚恤琉人，自有措施，事与贵国无关，何需烦为过问……"他们还对日本代表说："杀人者皆属生番，姑且置之化外，未便穷治。日本之虾夷、美国之红番，皆不服王化，此亦万国之所时有……"①这些话都是中国方面留下的记载，讲得都没有什么问题。前一段话表明了中国方面的基本立场，后一段话对发生这次杀人事件的原因给出了一些解释。但是，说者无心，听者有意。毛昶熙和董恂讲的后一段话，在当时参加交涉的日本翻译郑永宁的记载里却变成了："此岛之番民，有生熟两种。从前服我王化者为熟番，设府县而治之，其不服者为生番，置之化外，未甚治理。"②可以看出，中日双方的记载虽然只在言语上做了不大的调整和删改，却表现了两种根本不同的含义。

这样，经过一番精心的策划，日本方面认为自己终于找到了出兵台湾的"正当"理由和借口。关于这次交涉，很多人都认为是中国外交官的水平太低，授人以柄，给日本方面侵台提供了借口。这种说法恐怕有些不妥，实际上导致后来侵台事件的根本原因绝不在这次交涉。因为，对一个处心积虑为自己找借口的人来说，无论你讲得如何在理，他都会找到自己需要的那个理由。19世纪后半叶，中国政府在处理和日本的关系上太过于相信甚至依赖双方的条约和信义，结果处处被动，招致对方步步进攻。和强盗说理，是不会起到什么好效果的，因为对方只相信利益、实力和强权。

---

① 转引自米庆余：《琉球历史研究》，天津：天津人民出版社，1998年，第125、126页。

② 同上，第125页。

西乡的"暴走"与日军侵台

找到这样一个"借口"以后，日本方面并没有马上组织侵台。那么，是什么原因最终促使日本政府决定出兵台湾呢？是当时日本的国内形势。由于明治政府连续采取了"废藩置县""改革兵制"和"废除家禄"等重大改革措施，严重触动了日本社会中旧士族的利益，这些士族的反政府势力开始抬头，日本国内开始出现一种不稳定的局面。在这种情况下，为了把这股愈演愈烈的反政府情绪引导出去，日本政府决定尽快实施对台用兵的行动。1874年2月6日，大久保利通等人制定的对台用兵基本纲领《台湾番地处分要略》出台。4月4日，日本政府任命陆军大辅西乡从道为陆军中将、台湾番地事务都督。第二天，又任命陆军少将谷干城、海军少将赤松则良为参军，并设置台湾番地事务局，以大隈重信为局长，并向西乡从道正式颁发了委任状。4月9日，西乡从道率领"日进""孟春"等5艘军舰开赴长崎，日本的对台军事行动正式开始。①

但是，后来这件事出现了一个小小的插曲。当西乡从道与其率领的部队在长崎港待命时，以英、美为首的西方各国由于担心自己的利益受到损害，纷纷表示反对日本的此次军事行动，并且禁止本国人租用船只给日本。西方列强的这种态度使得日本政府出现了动摇，决定暂缓出兵台湾，先与中国政府交涉。4月19

---

① 米庆余：《琉球历史研究》，天津：天津人民出版社，1998年，第130页。

日，日本政府派人到长崎通知西乡从道暂缓出兵。接到这个通知以后，西乡从道毅然表示："延迟出兵将会有损士气，如果政府强行阻止，我愿退还天皇的全权委任敕书，以贼徒之姿直捣生蕃的巢穴，绝对不会累及国家!"此后，西乡陆续派出部分部队先行，乘军舰开往台湾。明治政府得知前面的使者不能阻止西乡出兵后，立刻派大久保利通本人前往长崎，制止西乡的行动。但是，大久保利通在5月3日到达长崎后，通过与西乡从道、大隈重信等人的会面，反而改变了出发时的想法，决定不再制止西乡，而是支持西乡从道继续按照最初的计划行动。因此，日军出兵台湾的计划虽然经过了一次反复，但在长崎还是最终决定下来。这次事件也被称为"西乡独走事件""西乡大暴走"，开创了日本军国主义无法无天的先河，即不管你政府怎么决策，军队先按照自己的想法来，事后政府只能对军方行动的合法性进行追认。此后，日军还出现过几次著名的"独走"事件，包括1931年"九一八"事变、1939年的诺门坎事件和1940年的日军进驻法属印度支那事件。所以，西乡从道也被称为日本军部"独走"的第一人。

这里，我们简略介绍一下西乡从道其人。1874年侵台事件发生时，作为日军主将的西乡从道只有31岁，他是明治维新中的重要人物西乡隆盛的亲弟弟。西乡隆盛由于"征韩论"的失败于1873年10月离开了明治政府，返回了家乡鹿儿岛。1874年侵台时日本政府让西乡从道领兵的一个重要目的，就是要借此安抚一下鹿儿岛（原萨摩藩）的这些旧士族。从明治维新开始到第二次世界大战结束，在日本海军将近80年的历史中，前后共有13位海军将领获得了元帅的封号，也就是进入了"元帅府"（当时元帅是一种称号，而不是军衔），包括我们非常熟悉的伊东佑亨、东乡平八郎、山本五十六和后来的古贺峰一等。而这其中的第一人就是西乡从道，他在1898年获得了天皇授予的元帅封号，成为日本海军的第一人。那么，为什么1874年侵台事件时他却是陆军中将呢？这是因为维新开

图 2.2　西乡从道(1843—1902)

始后西乡从道与山县有朋等人一直负责日本新式陆军的组建，而在侵台事件结束以后，西乡感到了充实海军军备的重要，从陆军中将转任到海军中将，后来还担任了海军大臣。在1894年至1895年的中日甲午战争中，西乡从道就是时任的海军大臣。

　　长崎决策以后，西乡从道率领日军主力出发，于5月22日抵达台湾南部的社寮港，随即全军登陆，开始对牡丹社进行攻击，战斗一直持续到7月初。期间，牡丹社的头领和牡丹社、高士佛社等许多抵抗日军入侵的当地高山族原住民都被日军杀死。随后，西乡从道派人向日本政府报告，并率军在龟山（今屏东县车城乡）地方驻扎下来，进行所谓的"拓殖事业"，以期久留。日军此次出兵侵台让清政府感到措手不及。在得到日军入侵的确切消息后，清政府委派当时的福州船政大臣沈葆桢（林则徐的外甥

兼女婿）为钦差全权台湾事务办理大臣，福建布政使潘蔚为帮办，赴台处理台湾海防和对日本的外交事务。此后，沈葆桢和潘蔚在台湾就日本的入侵事宜与西乡从道反复交涉。期间，潘蔚甚至拿出台湾府志和当地高山族各番社向政府缴纳课税的凭证，以表明台湾和牡丹社这块地方属于中国领土。除了在台湾的交涉，双方外交斗争的主战场还在北京双方的中央级代表之间展开。

图2.3　西乡从道进军路线

在谈判的前期，日本方面还是派出对中国情况非常了解的柳原前光与中国政府进行交谈。但日方因迟迟达不到目的，于1874年8月指派大久保利通为全权大臣，掌握对华谈判的全局。大久保利通到北京后展现出了高超的谈判技巧，使双方谈判的局面为之一变。此后，经过前后七轮的反复交涉、谈判，最终在英国驻华公使威妥玛（Thomas Wade）的强势介入下，中日两国最终于 10 月 31 日达成了处理日本入侵事件的协议，也就是《议定台事专条》，即《北京专约》（见附录 2）。这个条约内容本身不长，只有三条正文和一个附加的"会议凭证"。它的核心意思有两点：一是中国方面承认此次日本对台用兵为"保民义举"，不指以为不是；二是在经济方面，中国给予"日本国从前被害难民之家"抚恤银 10 万两，对于日军在台湾修筑的道路和修建的房屋，中国方面自愿留用，并给予 40 万两的补偿。这样，中国方面一共给予日方经济赔偿 50 万两白银。条约签字以后，大久保利通先跑到上海海关提取了 10 万两现银，然后到台湾"一线"慰问了一下西乡从道的部队，就风风光光回国了。依据条约，从当年 12 月 3 日开始，日军陆续撤出台湾。这就是 1874 年日本侵台事件的全过程。

重大危害

此次出兵事件，西乡从道一共只率领区区 3 600 名日军到了台湾，而且整个过程都没有发生中日两国军队的正面交锋，最后得以和平解决。所以，从表面上看这件事并不大，但实质上，1874 年日本侵台事件是中日关系史上一起极其重大、极其严重的事件。为什么这么说呢？主要是就这一事件的性质及其引起的后果而言的。

首先，这次事件是中国清朝政府内部政权组织上软弱涣散、政治外交上昏庸短见、军事上极端无能等一系列问题的总暴露。

在国内政权组织方面，不论日本政府的真实目的是什么，客观上讲，"为在台湾无辜被杀的琉球漂民申冤复仇、主持公道"无疑是日方出兵征台的一个堂而皇之的"正当理由"。在日本看来，琉球是弱国、小国，她的国民无辜遇害了，我日本作为琉球王国的宗主国，理应站出来为藩属国主持公道呀。既然你清国也是琉球的宗主国，你不但不为藩属国撑腰打气，甚至连自己本国作案的国民都不处理，无论如何于情于理都说不过去。所以，没有对琉球漂民遇害案件进行及时处理是清政府犯下的一个严重错误。正是这个错误，为日本出兵台湾提供了把柄和口实。

那么，为什么琉球漂民被杀事件发生在 1871 年，而直到 1874 年，也就是事情都过去了差不多 3 年时间，清政府还没有对这一事件做出最终的追查和处理呢？这主要和当时清政府对台湾地区的治理情况有关。从清代康熙年间开始，随着汉族移民的不断增加，台湾地区的汉族居民和高山族原住民在山林和耕地等资源分配方面的矛盾越来越多。为了解决这一问题，清政府采取了一个办法，就是为汉族居民、原住民各自划定一定的生活区域，以防止双方发生纠纷。久而久之，这些汉族聚居区和原住民聚居区之间就形成了一条相对固定的分界线，被称为"土牛线"。从总体来看，"土牛线"一侧的汉族居民区一直处在清政府的有效管辖之下，而在"土牛线"另外一边的原住民则一直和以汉族人为主的台湾地方政府关系不好，政府对这些"不听话"的原住民也是无可奈何。所以，当时清政府对台湾地区的行政管理、政权建设是非常软弱涣散的。在此次琉球漂民被杀事件之前，已经发生过多次各国海上遇难船员在台湾上陆后被当地原住民杀害的事件。比如，在1866年，就发生了美国船员被杀的"罗美号"事件。这一事件以后，美国政府也是一再催促清政府查办处理。但是，鉴于当时台湾地区治理的情况，清朝政府的官员害怕招惹原住民，也是迟迟未能处理。后来，美国政府见清政府一直不能解决问题，便派兵登陆台湾，对原住民发动攻击。到最后，在军事行动失败的情况下，当时负责事件处理的美国驻厦门领事李仙得只能自己到台湾，亲自越过"土牛线"见到了原住民的首领，通过和他们的直接沟通，才摆平这件事。之所以在1874年日本侵台的决策中李仙得提出的意见会对日本政府产生那么大的影响，主要就是因为李仙得亲自到过台湾，了解台湾地方的实际情况，深知清政府对台政权管理的软弱涣散，看出在这里面确实有机可乘。

为什么台湾的原住民要屡屡攻击、杀害各国的遇难船员呢？主要原因有两个：一是这些原住民经常受到海盗的骚扰，他们怀疑这些海员与海盗有关系，非常痛恨这些海员；二是这

图2.4 李仙得（Charles W. Le Gendre, 1830—1899）

些遇难船员上岸后，与原住民语言、风俗不通，沟通经常有问题，可能会引起一些误会。这次琉球漂民被杀事件的起因就是双方在沟通中出现了一些问题，原住民对琉球人的一些做法产生了误解。事实上，琉球紧邻台湾，在当时，琉球人海上遇险漂流到台湾遭原住民杀害的事件屡见不鲜。通常的处理方式是清廷依例救助及保护，琉球则于事后发咨文谢恩，其他责任一概不予追究。这次事件本来也不例外。但是，与以前不同的是，这次事件发生的时机恰恰是日本觊觎琉球和中国台湾的时候，正好为其提供了一个借口，被其利用。

在政治和外交方面，本来清政府对这次琉球漂民遇害事件的性质及处置是有一个正确认识的，就如 1873 年副岛种臣来华时毛昶熙和董恂代表中国政府所表明的那样，这次事件的相关方琉球和台湾都是中国领土，这两个地方的人发生冲突属于我们的内政，我们如何处置自有办法，和日本没有任何关系。但是，在日本出兵以后，清政府在和大久保利通等人的谈判中这一立场发生了重大变化。在双方最后达成的《北京专约》中，中国政府居然明确承认日本对台用兵为"保民义举"，这无疑就是承认了日本对琉球的宗主权。而对日本方面来说，发动这次事件的一个主要目的就是要结束琉球王国的"两属"状态，为日本排挤中国独占琉球寻找政治和法理上的依据。而这个目标竟然就这样轻而易举地实现了，对日本来说无疑是政治外交方面的一个重大胜利。如果说当初副岛种臣等人对毛昶熙和董恂的谈话进行了刻意曲解的话，那么这次《北京专约》中出现的这个表述可是双方高级官员进行了长时间多轮正式谈判以后取得的共识，政治上的分量非常之重。

那么，为什么清政府会出现这种立场的变化呢？在前后两次鸦片战争以后，中国的清政府开始认识到自身在综合实力特别是军事实力方面同西方列强存在的巨大差距，从而产生了一种强烈的畏惧情绪。基于这种畏惧情绪，当时朝廷主政者确立的处理与列强关系的基本指导思想就是要"避战保和局"，千万不要打仗，打仗肯定会失败。因此，在日本真的出兵台湾以后，特别是大久保利通运用自己的手段，成功地把英、美、法等西方列强的因素引入到谈判之中后，清政府感受到了巨大的压力。再加上当时中国的新疆还处在阿古柏政权的控制下，西北形势比较危急，中国和法国的关系也因为越南问题出现紧张的迹象，清政府迫于这些原因，最终决定在日军侵台问题上同日本妥协，在事件性质的表述这一重大的原则问题上做了退让。而他们万万没有想到的是，正是这一让步为中日关系的后续发展引来了更大、更多的麻烦。在当时的斗争形势下，中国方面有困难，但日本方面的困难更大，只要中国政府的立场更坚决一些，胆子更壮一些，事情绝不会发展到这种结局。可以说，在这次事件的处理中，中国清朝政府主要决策层在政治外交上的昏庸短见、胆小怕事显露无遗。

在军事方面，日本政府决定出兵侵台实际上是一个极具冒险性的举动，甚至可以说这是一个政治上比较成熟的政府不大可能做出的决策。日本的出兵行动一方面可以给中国政府施加压力，但另一方面这次冒失的举动也给中国方面打击日本提供了一个绝好的机会。西乡从道率领的侵台部队总共只有3 658人。当时日本海军也是刚刚建立，还没有实力在这么远的距离为其侵台部队提供海上安全和后勤运输方面的有效支援。而清政府得到日本侵台的确切消息后，也还比较迅速地在军事上做出了应对的部署。
1874 年 6 月，沈葆桢布置中国海军的"扬武""飞云""安澜""靖
远""振威""伏波"六舰驻澎湖，"福星"驻台北，"万年清"驻厦
门，"济安"驻福州，"永保""琛航""大雅"三船负责运输，"测
海"负责传递情报。李鸿章也紧急调集驻扎徐州的淮军唐定奎部
6 500 人入台。这支部队是淮军中精锐的洋枪队，同时还运去洋
炮 20 门。[①] 完成这些军事部署后，清军在陆上和海上形成了对日
军的明显优势。而同时，侵台日军由于水土不服，热病流行，前
后 500 多人染病而亡。可以说，在当时，本土作战的清军已完全
具备了在军事上一举全歼日军的条件，即使不全部歼灭，倚仗这
种优势地位，终究可以为自己一方在谈判中争取有利的条件。而
李鸿章和沈葆桢也确实把前线的这种形势向北京的总理衙门作了
汇报，只是最后没起到什么作用。所以，1874 年下半年，在中国
台湾的南部居然出现了一种清军和日军各自驻营操练、修建房
屋、垦殖生产，谁也不管谁的"和平景象"。

为什么清军处于这么有利的形势却不对日军采取行动呢？
主要原因还是国家的最高当局确立的处理这件事的基本指导思
想：力求和局，尽量不要打仗。政略决定战略，政府不想打，
回避战争，军队就被束缚了手脚，不能很好地发挥作用。当然，
出现这种局面也与沈葆桢和李鸿章这两个一线指挥者的消极心
态有一定的关系。沈葆桢是林则徐的外甥和女婿，他不会不记

---

① 转引自姜鸣：《龙旗飘扬的舰队：中国近代海军兴衰史(增订本)》，北京：三
联书店，2012 年，第 74 页。

得林则徐在鸦片战争中的遭遇。在处理对日问题上，他也不想把自己推到一个风口浪尖的位置，到头来引火烧身，因此能回避矛盾就尽量回避，不想主动作为。李鸿章也多次写信给他，让他到台湾后只自扎营操练，勿遽（jù，立刻、马上）开仗启衅。同时，李鸿章还密饬唐定奎，让他到台湾后"进队不可孟浪"，不要轻易惹事。①

无论是什么原因，无论是谁的责任，到当年年底撤出台湾，西乡从道的部队一共在台死亡593人，其中病亡581人，战死只有12人，而且这12人全部是在同高山族土著居民的作战中被杀的。也就是说，这支日本近现代史上第一支跨出国门的部队在对中国台湾南部地区进行了半年多的侵略和占领以后，居然能够在中国军队的眼皮底下全师而退，凯旋归国，真是天下奇闻。中国方面虽然对日本兴师动众，实际上却一无所获，无所作为。在日本方面，通过这件事，他们无疑看透了中国军队的虚张声势、外强中干和极端无能。对这种结局，李鸿章自己也私下里说："甘允日本'保民义举'，不指以为不是，犹要出五十万，犹以为了结便易，庸懦之甚，足见中国无人，能毋浩叹？"②这种结局实在太说不过去了！或许是由于这种受辱后感到的羞愧，这次日本侵台事件也确实给中国朝野带来了很大的震动，迫使清政府开始更加重视海防，从而掀起了发展海军的第一个热潮。

---

① 转引自姜鸣：《龙旗飘扬的舰队：中国近代海军兴衰史（增订本）》，北京：三联书店，2012年，第74页。

② 同上，第76页。

琉球亡国

说 1874 年日本侵台事件是中日关系史上一起极其重大、极其严重事件的第二个原因，就是这次事件造成了一系列的严重后果。

首先，这次事件直接导致了琉球王国的灭亡。1874 年日本侵台事件之前，日本虽然一直觊觎琉球，但是由于忌惮中国的影响，他还不敢明目张胆地实施吞并。而 1874 年日本侵台事件之后，形势完全改变了。由于《北京专约》中，中国政府承认日本侵台行动为"保民义举"，日本政府当然认为中国政府已经承认琉球之民即为日本之民，那么相应的琉球之土当为日本之土，琉球也就不再是中国的藩属国了，日本对琉球的处置是宗主国对藩属国实施的正当管理。特别是，通过这次侵台事件，日本政府看清了清政府在政治、外交和军事上的腐朽无能，摸清了清政府的底线，我出兵进攻台湾你都不敢打我，琉球的问题放开手脚就行了，清政府绝不会也绝不敢进行实质性的干预。因此，侵台事件后日本政府大大地加速了吞灭琉球的行动。当年 12 月，大久保利通回国后不久就向日本政府提出了处置琉球的新建议，他说："今者中国承认我征番为义举，并抚恤难民，虽似足以表明琉球属于我国版图之实迹，但两国分界仍未判然。"① 为了完成对琉球

---

① 转引自纪连海：《琉球之谜》，北京：北京大学出版社，2011 年，第78 页。

的吞并，他建议日本政府必须首先加强琉球的属国化，也就是要彻底切断琉球与中国的政治关系，然后再对琉球的体制进行改革，使其在政治上、文化上最终日本化，成为日本的一部分。大久保的这个建议提出以后，得到了日本政府的首肯。

按照这一计划，1875 年日本政府派遣熊本镇台之兵进驻琉球，同时向琉球王国发出了禁止再向中国朝贡的命令，这就是"阻贡事件"。阻贡事件发生后，琉球王国举国震惊，琉球人开始感受到一种来自日本的、空前的亡国灭种的危险。琉球政府一方面坚持对日本的要求进行抗争，另一方面也通过各种渠道向中国政府请求支援。此后数年间，中国政府与日本政府就琉球王国的存废问题进行了多次反复的外交谈判。但是，此时日本政府决心已定，不能阻挡。到 1879 年，日本政府看中国政府一直在绞缠这件事，而且琉球人一直不服，到处申诉，索性软的不行来硬的。当年 3 月 27 日，日本政府代表在琉球的首都首里城强行向琉球王国宣布了"废藩"决定，

图 2.5 最后一位琉球国王尚泰

命令琉球政府交出有关土地、人民等的一切文书，并指令琉球国王尚泰移居东京。4 月 4 日，日本政府在全国范围内宣布将琉球改为冲绳县，并任命锅岛直彬为第一任县令。5 月 27 日，抱病中的琉球国王尚泰被迫动身前往东京。至此，藩属中国 500 年之久的琉球王国在自己的宗主国——大清帝国的坐视之下最终灭亡。

这件事还没有完，还有一个小尾巴。在日本吞并琉球以后，中国的清政府感受到了舆论的压力。当时，正好赶上美国卸任总统格兰特（Ulysses Simpson Grant）到中国旅行访问，清政府就委托他居间调停。一开始中国方面提出了一个琉球"三分方案"，即包括琉球本岛在内的中部各岛归还琉球，恢复琉球王国，将宫古及八重山以南各岛划归中国，将包括奄美大岛在内的五岛划归日本。日本当然不同意这个方案，因为这样划分相当于日本什么也没有捞着。经过格兰特在中国和日本之间的斡旋和中日之间进一步的直接磋商，最后由日本方面提出了一个"分岛改约"方案，以解决琉球问题。这个方案的主要内容是：一、把琉球王国的原有领土一分为二，琉球本岛及其附属岛屿由日本管辖，琉球南部临近中国台湾的宫古列岛、八重山列岛由中国管辖，就此划清中日两国的海上疆界，两边各听其治，彼此永远不相干预；二、中国方面把原来许给西方列强的进入内地自由通商等权利同样许给日本商民。这个方案的实质就是拿琉球南部群岛的主权换取日本商民与西方列强在华"一体均沾"的经济和商业特权。

1880 年 10 月，以日本方面提出的方案为基础，中日双方就"分岛改约"问题达成了协议（见附录 3），并且预定于翌年的正月完成琉球南部群岛主权的交割。但是，这个方案最终没有实行。其原因是"分岛改约"的消息传出后，引起了中国国内很多人的不满。朝廷内很多大臣认为达成这个协议是清政府上了日本的当。因为琉球南部的宫古、八重山两个列岛都属于非常贫瘠的地方，拿让日本人"一体均沾"的经济权利换取这两个不毛之地是非常不值得的。而且，这个"分岛改约"的协议也遭到了很多琉球人的反对。清政府起初的想法是通过"分岛改约"方案收回琉球的部分领土，然后在这些领土上再建一个琉球国，以图使琉球免于完全灭亡的命运。但当清政府的官员就这个问题征求一些琉球人士的意见时，才发现这些人都坚决反对这个方案，因为南部地区土地贫瘠，物产匮乏，与琉球本岛等北部地区不可同日而语，很难在这里生存和立国。在这群起的反对声中，清政府最终决定采取拖延换约的方法，等待西北边疆中俄就伊犁问题交涉的结果。如果中俄交涉不顺利的话，就考虑批准中日这个条约；如果中俄交涉顺利的话，就最终否决这个条约。当时这样做的原因，主要是清政府想尽力避免日本和俄国联合起来对付中国。其后，随着中俄关系的日渐缓和，清政府决定不批准这个条约。日本方面负责谈判的驻华公使宍（ròu）户玑见清政府迟迟不肯换约，就离开北京愤然返日了。

两年以后，中日之间又重开了一次琉球问题谈判，日本方面派出的代表是驻天津领事竹添进一郎，但双方仍然没有达成任何协议。此后，随着自身国策的调整，日本认识到无论南侵还是北进都不可避免地要和中国打仗，也就不再顾及清朝廷的态度，决定独吞琉球。中日之间关于琉球问题的交涉从此也就不了了之。

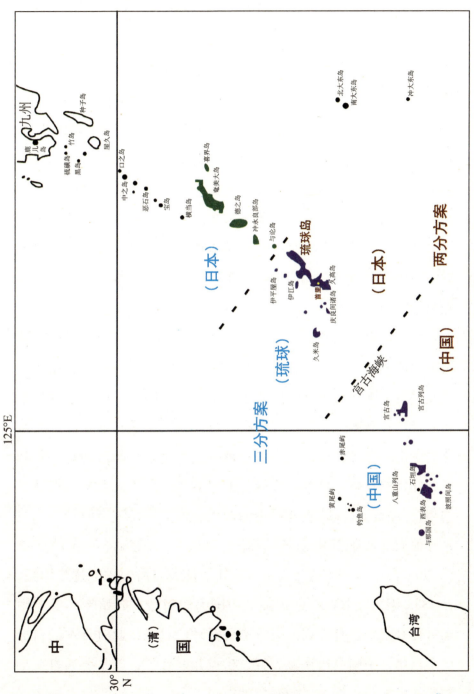

图 2.6　分岛改约方案（注：图中标示采用现今岛名）

琉球问题最终成为近代中日关系中的一桩悬案。12 年以后，经过多年卧薪尝胆的准备，日本发动了针对中国的甲午战争，利用其在维新中建立起来的新式军队，在陆上和海上战场大败中国，取得了一场空前胜利。在 1895 年 4 月 17 日签订的中日《马关条约》（见附录 4）中，关于中日之间领土变更的规定是：中国割让辽东半岛南部、台湾全岛及所有附属各岛屿、澎湖列岛给日本。其中并没有提及琉球的问题，主要原因是日本方面认为当时的琉球早已完全归属日本，没有必要再要求中国方面对此做出承认。甲午战争之后，中日关系完全逆转，日本在军事、政治各方面确立了对中国的全面优势，此后的几十年间中国方面再没有力量向日本提出琉球的主权问题。

除琉球灭亡以外，1874 年日本侵台事件的另一个严重后果就是极大地刺激了日本的扩张野心，更加坚定了明治政府运用武力手段挑战中国并在东亚地区实施侵略行动的决心。侵台事件是维新后日本政府第一次对海外用兵，可以说，这是日本在对外政策方面做出的一种尝试，这一本身带有极大冒险性的行动竟然收到了如此好的效果，日本人连做梦也想不到。在尝到这次"敲竹杠"的甜头以后，日本政府变得更加肆无忌惮，一发不可收拾。第二年，他们又在朝鲜挑起了"江华岛事件"，开始陆（朝鲜）海（琉球）并举向中国的传统势力范围进军。随着自身实力的逐步增强，在 1883 年，日本政府正式确立中国为假想敌，开始专门针对中国进行有组织、有计划的战争准备活动。只是，此时日本的目标已不再是在中国周边零敲碎打、捞点儿好处了，而是要通过一场对华的全面战争行动，彻底战胜中国，夺取东亚地区的主导权。

沉重教训

1874 年日本侵台事件和其后对琉球主权的处置，是近现代史上中日两国在海上方向的第一次重大交锋，对中日两国关系的后续发展产生了直接影响。同时，也对我们今天站在新的历史起点上，看待和处理包括钓鱼岛问题在内的许多现实问题，具有重要的启示和借鉴意义。这种借鉴意义突出体现在以下两个方面。

第一，关于首次交锋的问题。日本的明治维新及其取得的成就是 19 世纪人类历史上的一个奇迹。当时的中国虽然也在经历"洋务运动""同光中兴"，但是中国的发展和变革是不全面、不彻底的，在发展的速度、进步的程度上要落后于日本。相比之下，日本的综合实力正处在一个快速上升的时期。在这样一个大的背景之下，在中国和日本的关系上，日本不可避免地处于攻势和主动地位。但是，如果当时的中国政府在侵台和琉球问题上处理得更坚决果断一些，在一开始就充分利用当时自身尚且具备的实力优势，坚决打击和制止日本的侵略行动，有效压制住来自日本的挑衅，使其冒险投机行动不能得逞，那么以后日本政府就可能不敢再采取类似的行动，中日关系和平稳定的局面还有可能在一个相对较长的时间内得以保持，而不会像后来那样迅速滑向战争。可以说，正是中国政府在双方首次交锋中的一步退让，招致了日本以后的步步进攻。

2012 年，中国的电视台放了一个纪录片，叫《与狼共舞》，讲的是一个四川姑娘养大一只小狼,并最后把这只狼放回狼群的故事。狼是个特别有野性的动物,可谓是本性难移,但为什么随着小狼的长大它不咬自己的主人呢?其中有一个细节是这样的:当这只小狼长到一个多月大的时候,狼身上的野性开始慢慢显露,一开始它和这个姑娘一起逗着玩儿,但有一天玩的过程中它突然死死咬住自己的主人不松口。这时候,姑娘采取了一个惊人的举动:她一口咬住小狼崽,直到小狼崽最后松了口。这次事件中,小狼和姑娘都受了伤,但此后小狼再也不敢咬自己的主人了。为什么?因为它一开始就知道了主人的厉害,对主人产生了一种敬畏和恐惧的心理。

日本和中国、朝鲜同在东亚地区,文化上有很多相通相近的地方。但就民族性格而言,日本人和中国人、朝鲜人有很大的不同,用现在的话说,就是日本这个民族是一个非常具有"狼性"的民族。和这样一个民族打交道就是与狼共舞,绝不能用简单的君子之道,而必须与之斗智、斗勇、斗狼。当他对你挑战时,你越示弱,他越打你。当前的钓鱼岛问题和以前的 1874 年侵台事件以及 1931 年的"九一八"事变一样,都是在中日关系承前启后的转折时期发生的首次重大交锋,也可以说是新的矛盾的初步显现。在这样一个关键时间点上,面对对方的挑衅行为必须敢于采取果断行动,坚决予以制止,打破对方对这种冒险行动可能带来好处的幻想,使其认识到冒险投机不但得不到好处,反而会失去更多,这样才能为中日关系可能的改善和发展奠定良好的基础,否则,一旦退让必将导致无穷的后患。

现在看来,虽然毛泽东主席过去犯过一些错误,但我们仍不得不佩服这位伟人在处理一些重大问题上的远见卓识和魄力。新中国成立后，毛泽东主席决策1950年出兵援朝和1962年对印边界自卫反击战时曾说过两句著名的话，一句话是"打得一拳开，免得百拳来"，另一句话是"这一仗要管三十年"。这两场战争是新中国与世界霸主美国和东方大国印度进行的首次较量，而且都是在中国自身经济、政治、军事等各方面存在很大困难的情况下做出的战略决策。

关于出兵抗美援朝的决策，毛泽东曾和王季范、章士钊两位老先生有过这么一番谈话，他说："不错，我们急需和平建设，如果我要写出和平建设的理由，可以写出百条千条，但这百条千条的理由不能抵住六个大字，就是'不能置之不理'。现在美帝的矛头直指我国的东北，假如它真的把朝鲜搞垮了，纵不过鸭绿江，我们的东北也时常在它的威胁下过日子，要进行和平建设也会有困难。所以，我们对朝鲜问题置之不理，美帝必然得寸进尺，走日本侵略中国的老路，甚至比日本搞得还凶，它要把三把尖刀插在中国的身上，从朝鲜一把刀插在我国的头上，从台湾一把刀插在我国的腰上，从越南一把刀插在我国的脚上。天下有变，它就从三个方面向我们进攻，那我们就被动了。我们抗美援朝就是不许其如意算盘得逞。打得一拳开，免得百拳来。我们抗美援朝，就是保家卫国。"[1]实践证明，经过朝鲜战争的较量以后，美国再也不敢小看新生的中国政权，在之后处理与中国相关的问题时明显变得小心了。

---

① 邵维正等：《世纪风云昭示·听党指挥无往不胜》，北京：解放军出版社，2007年，第261页。

在 1962 年的中印边境冲突中，中国政府一再忍让，印度方面却不顾中国政府的多次劝告，步步紧逼，在决定采取军事手段对印度军队进行反击时，毛泽东主席说："这一仗要管三十年。"这次自卫反击作战的胜利是对印度军队和尼赫鲁政权的一次重大打击。虽然现在大家对最后阶段的一些处理还存在异议，但这一仗的主要目的，即慑止印度军队对中国领土的侵略行动确实达到了。在这一战结束后，印度方面对自己的国防方针做出了重大调整，转而采取一种"北守南攻"的战略，再也不敢在边境问题上轻易向中国挑战了。到现在，这一仗已经确保了中国西南边境五十年的和平。

珍宝岛是我国东北黑龙江省虎林县境内乌苏里江畔的一个小岛。1969 年 3 月，从中苏边境这个面积只有 0.74 平方千米的小岛上传出的枪声震惊了世界。中苏珍宝岛之战是到目前为止世界有核大国之间发生的第一次也是唯一一次大规模的直接冲突。当时，苏联陆军为世界第一，一直非常轻视中国小兄弟的作战能力。而且，当时中苏两军装备水平差距巨大，中国军队配备的 75 毫米无后坐力炮和 40 毫米火箭筒，根本打不透苏军的坦克。但在这次冲突中，苏联方面对中国边防部队在作战中表现出的高昂士气和坚强的战斗意志感到非常吃惊。中苏珍宝岛之战的最重要结果，就是促使苏联方面对中国军队的实际作战能力有了一个新的认识和评价，并最终放弃了对中国发动大规模地面进攻的计划（之后苏联曾打算对中国实施核打击，但美国方面很快把这个消息通知了中国，最后苏联也只能放弃这一计划）。

可见，相比清政府对日本侵台和吞并琉球的反应以及后来蒋介石、张学良等人对"九一八"事变的处理，以毛泽东为首的老一辈革命家确实具有政治家、战略家的超前远见和过人胆识，他们对来自新的战略对手的挑战，做出了迅速敏捷和果断有力的反应，为在当时相当困难的环境下和极其有限的条件下，保障国家安全发挥了至关重要的作用，并大大地提高了自身的国际地位，使新中国逐步成为国际舞台上有分量、有影响、受尊重、受关注的重要力量。

图 2.7　今天的珍宝岛

第二，关于国家海上安全的战略和观念问题。近些年，中国党和军队决策层一直强调"要走中国特色的强军之路""构建有中国特色现代军事力量体系"。其中一项重要的任务就是要建立一支有中国特色的海上军事力量，逐步探索出一条有中国特色的海军发展之路。要找到一条有中国特色的发展道路，首先必须对中国的特殊国情有一个清醒的认识。在海军发展方面，中国区别于其他国家的特殊国情主要包括三个方面，或者说是中国国情的三

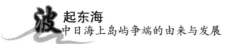

个基本特点。

其一，大陆国家。长期以来，中华民族缺乏海上生活的传统。虽然近年来中国海军的建设水平快速提高，但中华民族和中国海军真正要在精神文化上完成由陆向海的转变，还需要一个很长的过程。而且，中国还要面对一个这样的历史铁律，那就是到目前为止还从来没有一个大陆国家、大陆民族能够真正建立并长期维持强大的海权，使自己成为世界大洋上的真正强者。19 世纪末至 20 世纪初的德国以及 20 世纪 60—80 年代的苏联都曾在这方面做出过巨大的努力，但结果都失败了。如果中国将来真正发展成为一个陆海双强的大国，那将是前无古人的伟业。

其二，后起国家。后起的好处是可以尽可能地利用后发优势，走一条相对的捷径快速地缩短与传统强国的差距，不利之处是作为一个后来的参与者，其发展必然会引起一个蛋糕重新切分的问题，触动既得利益者的利益，从而容易激发与传统强国的矛盾，引起传统强国的防范和打压。

其三，岛链封锁。从日本列岛开始，经琉球群岛、台湾岛再到菲律宾群岛，这条长长的岛链像一串珍珠撒在中国的家门口。对于中国来说，如果这条岛链掌握在自己手中，就构成了保障国家大陆地区安全的一道天然屏障；如果掌握在别人手里，就会有效封闭住中国通向大洋的通道，并且为其干预大陆地区事务、威胁中国国家安全提供了一个就近的基地。近现代以来，随着琉球、台湾控制权的丧失，在第一岛链的封锁下，中国海区成为了一个南北狭长、纵深短浅的自然封闭型海域，这种地理条件对中国海军的发展特别是远海作战力量的发展是非常不利的。虽然现在学术界很多人认为，随着远程打击手段的不断进步，第一岛链的封闭作用在减弱。但即便这样，中国海军出远海活动面临的阻碍和限制仍然是巨大的。如何破解这种岛链困局，将是中国海军必须面对的一个重要考验。

在这串岛链之中，琉球群岛方向是中国海军进出大洋的最便捷通道，而且琉球群岛又毗邻台湾，对中国国家安全的作用和价值格外巨大。在中日之间关于琉球问题的斗争和交涉中，出现让日本轻易独占琉球的局面有中国政治家胆识、意志和决策能力不足的原因，但其中最主要的原因恐怕还是人的思想观念和认识问题。由于缺乏对琉球群岛重要性的深刻认识，导致缺乏和日本必争的决心，进而缺乏关于处置琉球问题的一个正确的全盘考虑和战略，才是中国最终失去琉球的真正根源。这一点，从当时中国一些高层人物对琉球价值作用的认识中可以清晰地看出。

1876年，琉球王国在日本的步步紧逼之下已经危在旦夕，琉球国王尚泰秘密派遣自己的妹夫向德宏来中国求援。在第二年，向德宏一行历尽艰辛到达福州，见到了福建巡抚丁日昌。丁日昌等人在得到琉球的求援请求后，向清朝廷陈述了这件事的处理意见，他们说："琉球地瘠民贫，孤悬一岛，本非边塞扼要之地，无捍御边陲之益，有邻邦酿衅之忧"，当然帮还是要帮，因为"若拒之过甚，转恐泰西各国谓我不能庇护属邦，益启群岛携贰之渐"。① 后来在琉球被日本灭亡后的交涉中，李鸿章也曾说过这么

---

① 转引自纪连海：《琉球之谜》，北京：北京大学出版社，2011年，第81页。"泰西"为极西之意，当时中国人常以"泰西"一词泛指西方世界各国。

一番话："琉球以黑子弹丸之地，孤悬海外，远于中国，而迩于日本。琉球朝贡，本无大利，若受其贡而不能保其国，固为诸国所轻；若专恃笔舌，与之理论……恐未必就我范围。若以威力相角，争小国区区之贡，务虚名而勤远略，非惟不暇，亦且无谓。"①可见，当时中国的政治家们对琉球地位和重要性的认识相比于日本政治家"（琉球）起伏于南海之中，乃一方要冲，皇国之翰屏，犹如手足之于头目"的认识有着巨大差别，这就是双方在处置琉球问题上采取不同政策的根本原因。而且，我们不要忘了，这两段话出自何人之口。李鸿章是中国近现代史上一个极其重要的人物，可谓中国近代海军之父，也是洋务运动的主要领导者。丁日昌呢？根据中国海洋地理环境的特点，把国家的海军分为北洋、东洋、南洋三个战略方向进行建设和部署的总体设想就是丁日昌于1868年最早提出来的。中国海军这种基本的力量布局直到现在还在沿用。可以说，李鸿章和丁日昌绝对是当时海防思想上的佼佼者、先进人物。他们的认识尚且如此，更何况其他人呢？

当然，在这个问题上我们不能过多地苛责前人，他们的思想认识是那个时代国家的经济生产方式、社会形态所决定的。事实上，直到20世纪70年代，也就是新中国成立30年以后，中国方面对南海岛礁主权的重要性都没有一个清醒的认识，以至于丧失了一个掌控南海的极佳时机。今天，中国在南海、东海所面临的形势和必须要完成的任务在某种程度上也可以说是在为过去的失误还债。

① 转引自纪连海：《琉球之谜》，北京：北京大学出版社，2011年，第94页。

当时是所有的人都没有认识到琉球的重要性吗？不是的，有一个人确实看到了，这个人就是琉球交涉过程中具体负责与日方谈判的中国驻日公使何如璋。1878 年 5 月，面对日本随时准备吞并琉球的危险，何如璋在写给李鸿章的信中提出了中国必争琉球的理由。他说："（日本）阻贡不已，必灭琉球；琉球既灭，行及朝鲜。否则，以我所难行，日事要求，听之，何以为国？拒之，是让一琉球，边衅终不能免。欲寻嫌隙，不患无端，日人苟横，奚必借此？又况琉球迫近台湾，我苟弃之，日人改为郡县……他时日本一强，资以船炮，扰我边陲台澎之间，将求一夕之安不可得。是为台湾计，今日争之患犹纾（shū，缓），今日弃之患更深也。则虽谓因此生衅，尚不得不争，况揆（kuí，估量）之时势决未必然乎？"[1]

图 2.8　中国近代外交家何如璋（1838—1891）

在同时写给总理衙门的信中，何如璋提出了处置琉球问题的具体办法："为今之计，一面辩论，一面遣兵舶责问琉球，

　　① 转引自纪连海：《琉球之谜》，北京：北京大学出版社，2011 年，第 82 页；米庆余：《琉球历史研究》，天津：天津人民出版社，1998 年，第 178 页。

征其贡使，阴示日本以必争，则东人气慑，其事易成。此上策也。据理以争，止之不听，约球人以必救，使抗东人，日若攻球，我出偏师应之，内外夹攻，破日必矣。东人受创，和议自成。此中策也。言之不听，时复言之，或援公法，邀各使评之，日人自知理屈，球人侥幸图存。此下策也。"①

在日本灭亡琉球后的交涉过程中，何如璋又极力向中国政府建议说："如璋熟知中国此时决非用兵之时，即虑日人，亦我天恩宽大，必不因弹丸之地，张挞伐之威。口舌相从，恐无了局。然无论作何结局，较之今日之隐忍不言，犹为彼善于此。即终无了期，而日人有所顾忌，球人借以苟延，所获亦多。失此不言，日人既灭琉球，练之为兵，驱之为寇，转恐边患无已时，斯又审时度势，反复踌躇，而以为不得不言者也。"②

应该说，何如璋当时提出的这些意见建议确实颇有见地。他卓有远见地看到了琉球作为屏障，对于中国国家安全的重要地位，意识到日本吞并琉球将给中国造成严重后患，建议中国政府采取切实有力的措施，确保琉球的生存，为此要不惜动用军事手段。而此后中日甲午战争的实践也表明，琉球群岛地理上的便利为日军向中国进攻，特别是南下进攻澎湖和最后攻占台湾发挥了很重要的支撑作用。只可惜，19 世纪七八十年代中国朝廷的当政者们在琉球问题上既无深谋远虑的见识，又无斗争到底的勇气，

---

① 转引自郑海麟：《钓鱼岛列屿之历史与法理研究(增订本)》，北京：中华书局，2007 年，第 125、126 页。

② 转引自纪连海：《琉球之谜》，北京：北京大学出版社，2011 年，第 93、94 页。

最终采用了何如璋认为的"下策"来进行应对，试图通过政治、法理上的争辩和寄望于国际斡旋来和平解决琉球问题。这种口舌之辩和无力的反应到头来只能使弱小的琉球王国像1895年的台湾一样，在向自己的天朝母国苦苦哀求和最后发自内心的、彻底的失望和绝望中走向灭亡，也眼睁睁地看着新兴的日本把中国海上大门的"锁钥"抓到自己手中。

三、钓鱼岛问题的产生背景

钓鱼岛概述

钓鱼岛及其附属岛屿位于我国台湾岛的东北部，分布在北纬 25°40′—26°00′，东经 123°20′—124°40′之间的海域，由钓鱼岛、黄尾屿、赤尾屿、南小岛、北小岛、南屿、北屿、飞屿等岛礁组成，总面积约 5.69 平方千米。钓鱼岛位于该海域的最西端，面积约 3.91 平方千米，是其中最大的岛屿，主峰海拔 362 米。黄尾屿位于钓鱼岛东北约 27 千米，面积约 0.91 平方千米，是其中的第二大岛，最高海拔 117 米。赤尾屿位于该海域的最东端，也是距离钓鱼岛最远的岛屿(距钓鱼岛东北约 110 千米)，面积约 0.065 平方千米，最高海拔 75 米。由于面积狭小又远离大陆，这些岛屿长期无人居住。

从地质构造上来看，钓鱼岛及其附属岛屿和花瓶屿、棉花屿、彭佳屿一起，都是台湾北部近海的观音山、大屯山等海岸山脉延伸入海后的突出部分，属于我国台湾岛的附属岛屿。从地理位置上来看，钓鱼岛正好处于我国大陆、台湾岛和琉球群岛之间(距大陆最近约 330 千米、距台湾岛最近约 170 千米、距琉球群岛

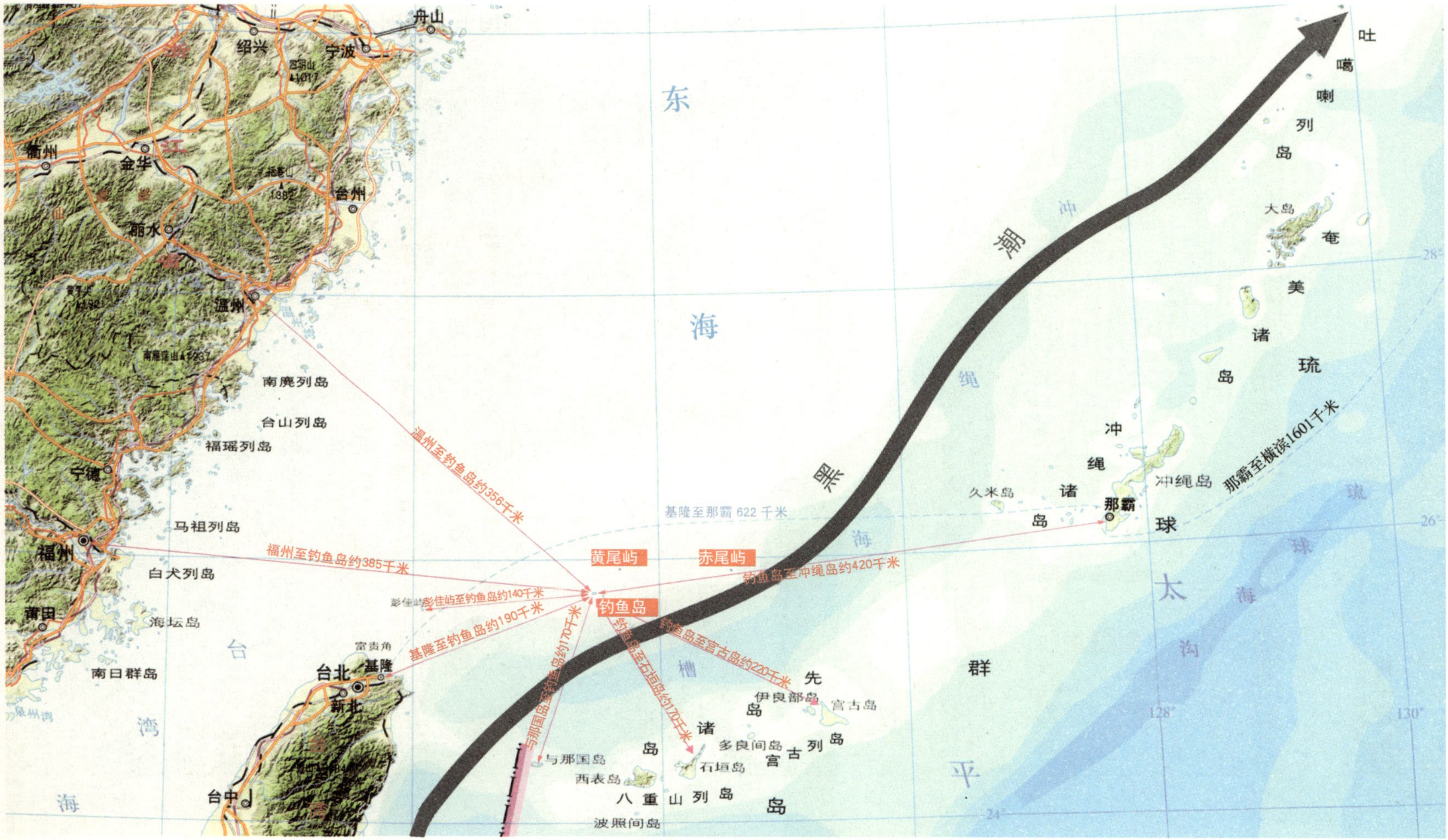

东海
黑潮
冲绳海槽
舟山
宁波
绍兴
台州
温州
金华
衢州
丽水
宁德
福州
莆田
南麂列岛
台山列岛
福瑶列岛
马祖列岛
白犬列岛
海坛岛
南日群岛
台湾海
台北
基隆
新北
台中
富贵角
彭佳屿
钓鱼岛
黄尾屿
赤尾屿
温州至钓鱼岛约356千米
福州至钓鱼岛约385千米
彭佳屿至钓鱼岛约140千米
基隆至钓鱼岛约190千米
与那国岛至钓鱼岛约170千米
钓鱼岛至石垣岛约170千米
钓鱼岛至宫古岛约220千米
钓鱼岛至冲绳岛约420千米
基隆至那霸 622 千米
那霸至横滨1601千米
与那国岛
西表岛
石垣岛
波照间岛
八重山列岛
多良间岛
伊良部岛
宫古岛
宫古列岛
先岛诸岛
久米岛
冲绳岛
那霸
冲绳诸岛
大岛
奄美诸岛
吐噶喇列岛
琉球群岛
琉球海沟
太平

图 3.1 钓鱼岛的位置

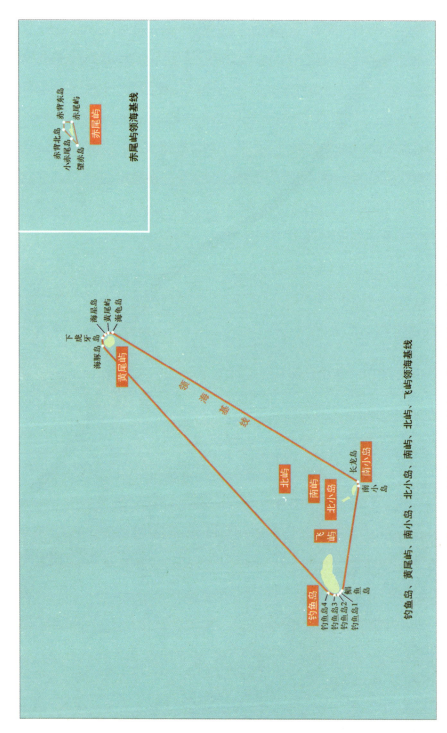

图3.2 中国政府公布的钓鱼岛及其附属岛屿标准名称与领海基线

钓鱼岛、黄尾屿、南小岛、北小岛、南屿、北屿、飞屿领海基线南端的石垣岛约 170 千米、宫古岛约 220 千米）。但在钓鱼岛往东有一条深深的冲绳海槽，湍急的黑潮自西南向东北从这里流过。由于受黑潮潮流和季风的影响，在过去的航海技术下出现了一种现象，就是从中国大陆和台湾来的船很容易航行到钓鱼岛附近，而从琉球方向来的船很难接近钓鱼岛。因此，在过去中国和琉球王国的长期交往中，就形成了一条以钓鱼岛以东黑潮流经水域（称为黑水洋）为界的中琉海上自然边界线。从中国方向来的船经过钓鱼岛后，再过黑水洋，即进入琉球国界。从琉球来的船，经过黑水洋后，即进入中国国界。

图 3.3　钓鱼岛主岛

　　由于所处的地理位置，钓鱼岛很久之前就作为我国大陆与琉球王国之间保持联系的海上必经之地而被熟知。根据目前切实掌握的资料，最早在我国明代初期的文献《顺风相送》里就曾提到"钓鱼岛"（钓鱼屿）这一名称。可见，中国人发现和命名钓鱼岛至少也要有 600 年的历史了。现在，日本方面称钓鱼岛为"尖阁群岛之鱼钓岛"。"鱼钓岛"这个词明显是从中文转化过来的。而"尖阁群岛"一词最早出自冲绳师范学校教师黑岩恒于 1900 年发表的一篇关于钓鱼岛的踏访报告。据推测，这一名称很有可能是从早期英国人对包括钓鱼岛在内的台湾以北各岛屿的称谓"Pinnacle Groups""Pinnacle Islands"翻译过来的，意思都是"岛上有许多像尖塔一样的岩石突起"。①

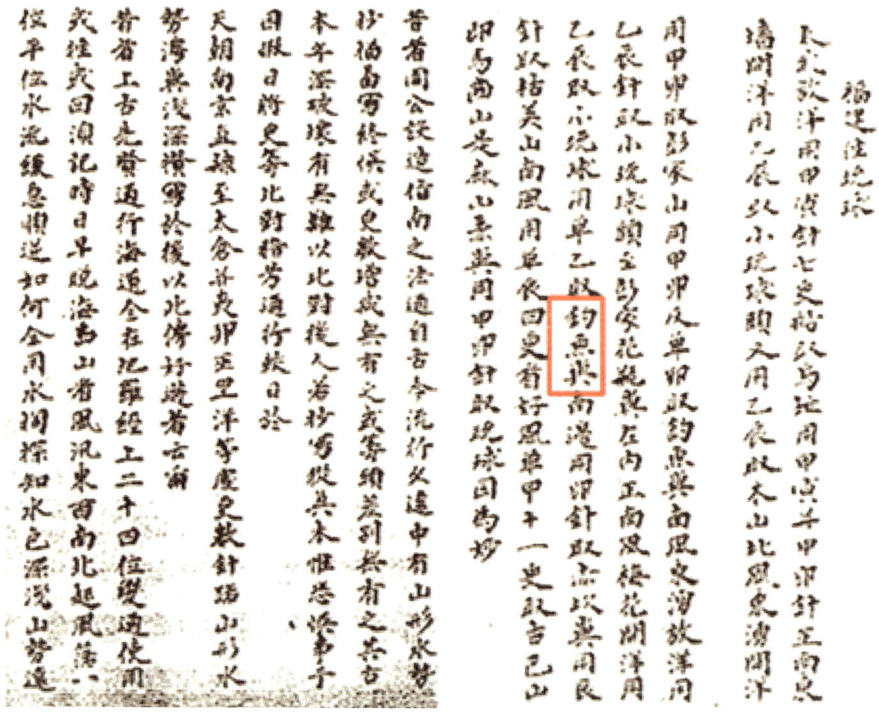

图 3.4　目前可见的最早记录钓鱼岛名称的中国古代文献

《顺风相送》(成书于明永乐元年，即 1403 年)

---

① 见郑海麟：《钓鱼岛列屿之历史与法理研究(增订本)》，北京：中华书局，2007年，第 76、83、84 页。

发展过程

在近现代，中日之间的钓鱼岛问题是在日本吞并琉球后，以琉球为基地，进一步向中国台湾方向渗透和迫近的过程中产生的。这就是何如璋在琉球交涉中所提到的"他时日本一强，资以船炮，扰我边陲台澎之间，将求一夕之安不可得"。琉球的灭亡使得中国东部沿海失去了一道天然的外部屏障，日本的扩张矛头便开始直接指向了中国的固有领土，真可谓"唇亡齿寒"。

从时间上看，钓鱼岛问题的发展过程经历了两个大的阶段：第一阶段，从日本吞并琉球之后到1969年，前后将近90年时间。这是中日钓鱼岛争端的产生阶段，也是矛盾的酝酿阶段。日本吞并琉球后不久，即开始觊觎中国的钓鱼岛，但是由于当时中国国力尚且强大，日本对钓鱼岛的侵占行动进行得比较小心和隐蔽，偷偷摸摸暗地里搞，直到1895年才利用甲午战争战胜中国的机会，实现对钓鱼岛的"窃取"。在第二次世界大战中，中、美、苏、英等主要盟国通过《开罗宣言》《波茨坦公告》等文件，开始对日本过去侵占的领土进行清算。按照《开罗宣言》和《波茨坦公告》确立的原则和精神，钓鱼岛作为台湾的附属岛屿应该包括在日本向中国交还的领土范围内。但是，美国作为日本的占领国，在对冲绳（琉球）实施占领和管理的过程中，未经中方许可，擅自将钓鱼岛纳入琉球群岛之中，为中日钓鱼岛争端埋下了新的祸根。第二阶段，从1969年到现在，前后40多年的时间。这是中日钓鱼岛争端的一个凸显时期，也是中日双方围绕钓鱼岛的主权问题展开斗争和博弈的时期。在20世纪70年代，中日两国老一辈领导人本着面对现实、顾全大局的原则，达成了处理钓鱼岛问题的重要共识，保证了两国关系的平稳发展。但随着形势的变化，近年来日本政府逐步背弃甚至否认双方当年的共识，不断在钓鱼岛问题上挑起事端，使双方的矛盾和对立不断升级，最终引发2012年的严重危机。

秘密窃取

1879年日本完成对琉球王国的兼并并设置冲绳县以后，其海上军事、经济和商业活动随着主权范围的扩大进一步向南方扩展。1884年，一个出身日本福冈县的投资实业家古贺辰四郎登上钓鱼岛，并在岛上采集鸟的羽毛和海产品。这是日本人第一次登上钓鱼岛。

为了满足经济活动和进一步海上拓展的需要，日本政府认为有必要对这些岛屿进行详细勘察并纳入自己的版图之

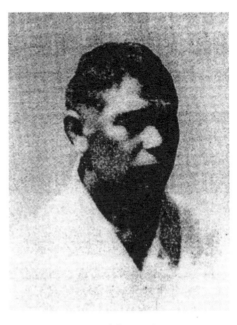

图3.5 古贺辰四郎

中。1885 年，日本政府的内务卿山县有朋（号称"日本陆军之父"，甲午战争时任第一军司令官，是日本历史上第一个打过鸭绿江的将领）暗中命令冲绳县地方，对处在琉球与中国福州之间的海上小岛进行勘查并即行建立国标。

在按山县有朋的指示进行初步调查后，当年 9 月 22 日，冲绳县知事西村舍三专门就此事向日本内务省作了汇报，呈文中说："有关调查散布于本县和清国福州间的无人岛事宜，依先前在京本县大书记官森所接密令，从事调查，概略如附件。久米赤岛、久场岛及鱼钓岛为古来本县所称之地方名，要将此等接近本县所辖之久米、宫古、八重山等群岛之无人岛屿，归属冲绳县下一事，不敢有何异议，但该岛等与前时呈报之大东岛（位于本县与小笠原群岛之间）地势不同，恐与中山传信录记载之钓鱼台、黄尾屿、赤尾屿等属同一地方，此事不能无疑。若属同一地方，则显然不仅为清廷册封中山王使船所悉，且各附以名称，作为琉球航海之目标。因此，要与这次大东岛一样，调查时即建立国标仍有多少顾虑。10 月中旬，由所雇航向前两先岛（宫古和八重山）之汽船出云丸乘回航之便，暂先作实地调查，再为呈报，建立国标事宜尚请指示为荷，兼此呈达。"①

从这份文件中可以看出，经过一番初步的调查，冲绳地方认识到古贺辰四郎发现的这些无人居住的海上小岛很可能就是以前

① 见［日］井上清：《尖阁列岛——钓鱼诸岛的历史剖析》，东京：东京第三书馆，1996 年。转引自郑海麟：《钓鱼岛列屿之历史与法理研究（增订本）》，北京：中华书局，2007 年，第 250 页。

图 3.6 1885 年 9 月冲绳县知事西村舍三给内务省的呈文

文献中记载的钓鱼岛、黄尾屿等，早为过去中国前往琉球的册封使臣所熟知并命名。因此，他们对贸然在这些岛上树立日本的国标这件事有些疑虑。

山下有朋接到这一报告后，还是以这些岛屿接近冲绳的宫古、八重山且在岛上没有发现属于中国的确实证迹为由坚持树立国标，并写信给当时的外务卿井上馨征询意见。但是，井上馨在给山县有朋的复函中对此表示反对，他的意见是："经详查，该等岛屿也接近清国国境……尤其附有清国之命名，近时清国报章等，载有我政府拟占据台湾附近清国所属岛屿等之传闻，对我国抱有猜疑，屡次引起清政府之注意。此际若公然建立国标，必招致清国之疑忌，故当前宜仅限于实地调查及详细报告其港湾形状、有无可待日后开发之土地物产等，至于建立国标着手开发等事，可待他日见机而作。"他还特别强调，"此次调查之事恐均不

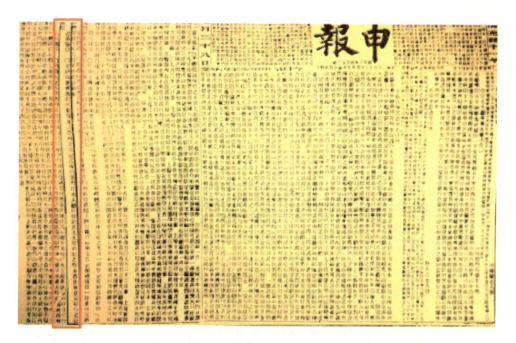

图 3.7　1885 年 9 月 6 日登载日本人登上钓鱼岛消息的《申报》

刊载官报及报纸为宜"。①

　　井上馨在信中提到的"近时清国报章等，载有我政府拟占据台湾附近清国所属岛屿等之传闻"这句话指的是，当时日本方面对钓鱼岛等岛屿开展的调查活动引起了中国方面的警觉，1885 年 9 月 6 日的《申报》中就登载消息说："台湾东北之海岛，近有日本人悬日旗于其上，大有占据之势。"井上馨得知中国方面已开始关注到这件事了，因此建议山县有朋在树立国标的事上要谨慎。所以，这次在钓鱼岛及其附属岛屿上建立国标的事就暂时延缓了

---

　　① 见[日]井上清：《尖阁列岛——钓鱼诸岛的历史剖析》，东京：东京第三书馆，1996 年。转引自郑海麟：《钓鱼岛列屿之历史与法理研究（增订本）》，北京：中华书局，2007 年，第 251 页；中华人民共和国国务院新闻办公室：《钓鱼岛是中国的固有领土》，北京：人民出版社，2012 年，第 7 页。

下来，日本方面未敢轻举妄动。

此后，在1890年1月，冲绳地方政府曾请示内务省，要求将钓鱼岛等无人岛屿划归本县的八重山官署管辖，但日本政府没有同意。1893年11月，也就是甲午战争爆发的前一年，冲绳地方政府再一次向内务省提出在钓鱼岛等无人岛屿上建立国标，实施正式管辖的请求。1894年5月12日（甲午战争爆发前两个月），冲绳地方政府在回答日本政府关于钓鱼岛等岛屿情况的询问时报告说："自明治十八年（1885年）派县警察对该岛进行勘察以来，未再开展进一步调查，故难提供更确切报告。……此外，没有关于该岛旧时记录文书以及显示属我国领有的文字与口头传说的证据。"①可见，直到此时日本方面仍然清楚这些岛屿主权不属于日本。

但是，情况随着甲午战争的爆发和日本军队在战争中的节节胜利而发生了变化。1894年年底，日军已经攻克旅顺并且准备进攻威海，可以确定战争已经没有悬念了，日本终将大胜中国。在这种新形势下，日本政府认为正式占有这些岛屿的时机已经到来。在接到冲绳县知事关于在钓鱼岛建立国标的第三次申请之后，1894年12月27日，内务大臣野村靖向外务大臣陆奥宗光重提把钓鱼岛列入管辖的事，在内务省发给外务省的秘密文件中说道："有关久场岛、鱼钓岛列入所辖建立标航事宜，有冲绳县知事呈文如附件甲号。关于本件，在明治十八年与贵省协议结果，达成指令，如附件乙号。但当时与今日情势不同，兹拟提出阁议

---

① 中华人民共和国国务院新闻办公室：《钓鱼岛是中国的固有领土》，北京：人民出版社，2012年，第7页。

如附件，先请协议为荷。"①意思是这件事以前与你们商量过，你们不同意，现在情况和以前不一样了，再提出来请你们考虑。附在后面的请求阁议的附件内容是："位于冲绳县下八重山群岛西北方的久场岛和鱼钓岛，从来属无人岛。近因有至该岛试行渔业者，有加以管理之必要，该县知事乃呈文拟请列入所辖并建立标航。如上，为承认该县所辖，并依请求建立标航等事，拟呈请阁议裁决。"②这次，外务省这边儿顺利通过。1895 年 1 月 11 日，外务大臣陆奥宗光给内务大臣野村靖发去了正式答复："关于本件，本省无其他异议，请悉照预定计划，并加以适当处理为荷。"

1 月 12 日，野村靖将有关事项提请内阁审议。1 月 14 日，内阁书记官起草了内阁会议用的案文。1 月 21 日，全体内阁成员署名完毕，决议正式形成。该决议的主要内容是："内务大臣请议位于冲绳县下八重山之西北，称为久场岛鱼钓岛的无人岛事。近来至该无人岛尝试渔业者有之，为取缔之必要，承认两岛为冲绳县所辖，因以建设标杭之事，当如同县知事签报，给以许可。本件因别无障碍，应当如议。"③同日，内务大臣向冲绳县知事下

---

① 见［日］井上清：《尖阁列岛——钓鱼诸岛的历史剖析》，东京：东京第三书馆，1996 年。转引自郑海麟：《钓鱼岛列屿之历史与法理研究（增订本）》，北京：中华书局，2007 年，第 251、252 页。

② 同上，第 252 页。

③ 见［日］村田重禧：《日中领土争端的起源》，北京：社会科学文献出版社，2013 年，第 199、200 页；［日］浦野起央等：《钓鱼台群岛（尖阁诸岛）问题研究资料汇编》，励志出版社，刀水书房，2001 年，第 169 页。有关日方所言的 1 月 14 日内阁会议的真实性，学界存在置疑，可见刘江永：《钓鱼岛之争的历史脉络与中日关系》，载《东北亚论坛》，2014 年，第 3 期。

达了"有关建立航标，悉照请议"的指令。这样，日本政府就趁甲午战争临近尾声，中国即将大败之机，完成了对钓鱼岛的侵占和兼并。而且，这一系列的行动都是在日本政府内部的秘密运作中完成的，当时的中国政府对此毫不知情。

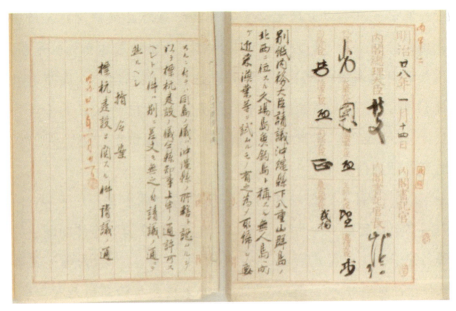

图3.8　1895年1月，日本实现对钓鱼岛窃取的内阁决议

1895年3月23日，日本军队发动了停战前针对中国的最后一次攻势，在两天之内攻占澎湖。4月17日，中日《马关条约》（见附录4）签订，其中的第二条规定了中国向日本割让的领土范围：（1）辽东半岛南部；（2）台湾全岛及所有附属各岛屿；（3）澎湖列岛。5月8日，中日两国代表在烟台换约，条约正式生效。6月2日，清政府代表李经方在停泊在基隆外海的一艘清政府租用的德国商轮"公义"号上，匆匆忙忙与日本代表完成了交割台湾的正式手续。从此，清政府及以后的中国政府都认为钓鱼岛已经

作为台湾的附属岛屿通过《马关条约》割让给了日本，对日本领有钓鱼岛的事实没有提出过异议。然而，他们并不知道在台湾交割之前，日本方面已经对钓鱼岛实施了"窃取"。正如日本著名史学家井上清先生指出的那样："钓鱼诸岛并不是像台湾一样根据和约公然从中国抢夺的，而是趁着战胜，没有经过任何条约的交涉，偷偷地从中国盗取过来的。"①这一过程可谓是觊觎已久、煞费苦心！对于此种既无合理性，又无合法性的乘人之危"窃取"他国领土的行为，日本政府甚至在甲午战争结束后也一直对外秘而不宣。

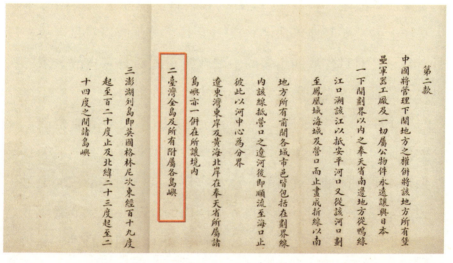

图 3.9　1895 年 4 月 17 日签订的中日《马关条约》第二条

---

① 见［日］井上清：《尖阁列岛——钓鱼诸岛的历史剖析》，东京：东京第三书馆，1996 年。转引自郑海麟：《钓鱼岛列屿之历史与法理研究（增订本）》，北京：中华书局，2007 年，第 253 页。

宣言和公告

甲午战争奠定了第二次世界大战以前中日东海海上版图的基本格局，日本单独囊括了包括钓鱼岛在内的台湾、澎湖、琉球等中国东海外海的全部岛屿，掌控了中国东部海上大门的锁钥。这种局面差不多持续了50年，直到第二次世界大战才出现转变。1937年7月7日的"卢沟桥事变"后，日本发动了旨在灭亡中国的全面侵华战争。1941年12月7日，日本海军突袭美国海军在太平洋上的重要基地珍珠港。12月8日，美国政府对日宣战。12月9日，已对日作战四年多的中国政府正式对日本宣战。第二次世界大战真正成为一场世界性的反法西斯战争。

到1943年，经过中、美、苏、英等国军民的浴血奋战，反法西斯同盟在欧洲和太平洋两个战场分别取得了对德、意、日等法西斯军队作战的重大胜利，逐步掌握了战争的主动权。经过了一段异常黑暗的岁月，这场世界范围内的反法西斯大战终于开始显露出胜利的曙光。为了进一步协调各盟国之间的行动，商讨尽快结束战争，在美国总统罗斯福的安排下，中国国民政府领导人蒋介石、美国总统罗斯福和英国战时首相丘吉尔等三个主要盟国首脑于1943年11月22—26日在埃及开罗举行国际会议，即"开罗会议"。三国首脑会谈后，美国总统特别助理霍普金斯受罗斯福委托，根据中、美、英三国会谈的精神，起草了会议宣言，经过三方官员的进一步讨论，最终形成了会议宣言的正式文稿。但

图 3.10　开罗会议期间的中、美、英三国首脑

这个宣言文稿并没有马上对外发表。开罗会议一结束，罗斯福、丘吉尔即刻前往德黑兰，同苏联领导人斯大林会晤。11 月 30 日，在美、英、苏三国首脑举行的德黑兰会议上，罗斯福和丘吉尔就开罗会议宣言的内容征求斯大林的意见，斯大林对此表示完全同意。第二天(12 月 1 日)，开罗会议宣言由中、美、英三国在重庆、华盛顿、伦敦三地同时发表，这就是著名的《开罗宣言》(见附录5)。

　　开罗会议是自鸦片战争后 100 多年来中国第一次以世界大国身份参加的国际会议，提高了中国的国际威望，确立了中国在反法西斯战争中的四强地位。当然，蒋介石能代表中国参加这次会议，主要还是美国总统罗斯福起到了作用。当时美国希望利用中国在对日作战中多出一把力，也使美国的对日作战变得容易一些。但是，后来由于中国战场的战事进行得不够顺利等原因，开罗会议以后更重要的、对确立大战后世界秩序具有决定意义的雅尔塔会议(1945 年 2 月)以及波茨坦会议(1945 年 7 月)中，就没有再邀请蒋介石参加。

《开罗宣言》的核心内容是宣布中、美、英三大盟国将统一作战计划，继续对日作战，直至日本无条件投降。这是世界反法西斯同盟作为一个整体第一次明确提出对日作战的最终目标，使所有对日作战力量之间有了统一的政治立场、作战目标和作战意志。在具体的对日处置上，宣言一共提出了四项明确的要求：(1)剥夺日本自从 1914 年第一次世界大战开始后在太平洋上所夺得或占领之一切岛屿；(2)日本过去从中国窃取的一切领土，例如东北、台湾、澎湖列岛等，必须归还中国；(3)其他日本以武力或贪欲所攫取的土地，也必须将日本驱逐出境；(4)恢复朝鲜的自由和独立。可见，在中日之间领土变更的问题上，《开罗宣言》明确提出日本必须把其通过甲午战争和《马关条约》从中国夺取的台湾、澎湖列岛以及通过"九一八"事变夺取的东北等土地归还中国。

关于"日本过去从中国窃取的一切领土"所指的范围，除了宣言中明确提到的"东北、台湾、澎湖列岛"以外，在 11 月 23 日晚和 25 日下午中美领导人的两次长谈中，美国总统罗斯福还提到了中日之间的另外一个问题，就是琉球问题，并且就中国方面是否愿意在战后接管琉球征求蒋介石的意见。但在这两次会谈中，蒋介石的回答都是希望琉球群岛由中美两国共同管理为好。罗斯福看蒋介石一再坚持共管的意见，以后也就不再提这件事了。为什么蒋介石当时不同意美国方面提出的接管琉球的建议呢？现在看起来让人非常费解。其中的原因，综合当时的会议材料以及参加会议的国民政府官员后来的回忆，大致有三个方面：一是蒋介石认为琉球的地位与台湾不同，和朝鲜一样过去是个独立的王国，且甲午战争前就已被日本占领；二是蒋介石当时可能认为罗斯福关于中国接管琉球的提议是美国方面在试探中国有没有进一步扩张的野心，他回答中美共管是想向美国方面表明中国并没有独占琉球的想法，让美国放心；三是蒋介石虽然是中国抗战的领袖，领导全国抗战也是他的一大历史功绩，但在内心里他一直有一种对日本的畏惧情绪，当时他担心中国得到琉球群岛后，日本战后会找中国扯皮，中日两国再结新怨。

其实，当时蒋介石对这一问题的判断是出现了失误的。第二次世界大战时罗斯福总统制定的对亚洲政策的核心是"重华抑日"，即通过提升中国的实力，加强中国，来遏制日本的威胁。开罗会议上，罗斯福提出战后由中国管理琉球的真实目的，主要还是想通过把琉球交给中国来进一步削弱日本，防范日本以后的崛起。在 11 月 25 日的会谈中，罗斯福就说："我反复考虑，琉球群岛在台湾的东北面，面向太平洋，是你们的东部屏障，战略地位极为重要。你们得到了台湾，如得不到琉球，台湾也不安全。更重要的是，此岛不能让侵略成性的日本长期占领。是不是与台湾及澎湖列岛一并交予你们管辖？"①可以想象，如果蒋介石

---

① 汪幸福：《钓鱼岛祸根：二战后蒋介石两拒"琉球"》，载《环球时报》，2009 年 3 月 1 日。

当时把这件事答应下来，中国虽然不一定真的能够完全领有琉球的主权，但至少会在战后琉球群岛的归属和管理问题上处于更有利的地位。对于这个决策上的失误，事后蒋介石自己也逐渐认识到了，感到着实有些后悔。

1945年5月2日苏军攻克柏林，5月8日德国无条件投降，至此第二次世界大战的欧洲战事完全结束。为了彻底击败日本，安排战后世界格局，美、英、苏三国首脑杜鲁门、丘吉尔（后期改为新任首相艾德礼）和斯大林于1945年7月17日开始在柏林近郊的波茨坦举行国际会议。在会议期间的7月26日，以中、美、英三国的名义发表了《中美英三国促令日本投降之波茨坦公告》，即《波茨坦公告》（见附录6）。由于这次会议没有中国代表参加，在公告文稿形成以后，杜鲁门和丘吉尔曾专门致电蒋介石征求中国国民政府的意见，蒋介石对文稿内容表示同意。当时苏联方面还没有参加对日作战，因此在公告一开始发表时没有提及苏联。

《波茨坦公告》实质上是中、美、苏、英等主要反法西斯盟国对当时还在试图顽抗的日本发出的一个最后通牒。公告中明确要求日本军队必须立即无条件投降，否则日本将被迅即完全毁灭。公告全文共13条，关于战后领土变更问题，公告的第八条做出了明确规定："开罗宣言之条件必将实施，而日本之主权必将限于本州、北海道、九州、四国及吾人所决定其他小岛之内。"即重申了1943年《开罗宣言》提出的要求，并对战后日本主权所及的范围进行了初步界定。

图 3. 11　波茨坦会议期间的苏、美、英三国首脑

1945 年 7 月 28 日，日本首相铃木贯太郎明确表示拒绝公告的要求，坚持要将战争进行到底。随后，8 月 6 日，美军以原子弹攻击广岛。8 月 8 日，苏联政府正式对日宣战，同时宣布参加《波茨坦公告》。8 月 9 日，苏联红军向驻扎在中国东北的日军发动进攻。同一天，美军再次使用原子弹轰炸长崎。8 月 10 日，苏联红军攻入朝鲜。在这一连串的重大打击下，日本政府最终决定屈服，8 月 14 日，日本政府通过其驻瑞士公使，向中、美、苏、英四国发出了接受《波茨坦公告》的通告。8 月 15 日中午，日本政府以广播天皇《终战诏书》的形式宣布无条件投降。9 月 2 日，在停泊在东京湾的美国"密苏里"号战列舰上，日本政府和军队代表正式在投降书

上签字，给人类带来空前浩劫的第二次世界大战终于结束。

可见，第二次世界大战是以日本承诺接受并履行《波茨坦公告》的形式结束。那么，战后关于日本领土的变更和处置也必然依据《波茨坦公告》的约定来实行。按照《波茨坦公告》中第八条"日本之主权必将限于本州、北海道、九州、四国及吾人所决定其他小岛之内"的要求，本州、北海道、九州、四国等四个主要岛屿构成日本领土的基本范围是没有问题的，而"吾人所决定其他小岛"的范围则还不明确，很明显还必须由盟国和日本之间缔结一个新的条约来决定，或者由盟国来直接指定。围绕战后日本领土主权所及的范围，美日之间进行了反复交涉和斗争，并进而影响了中日之间战后领土的重新划分问题，从而导致中日钓鱼岛争端的出现。这个过程很复杂，下面我们分美日、中日两条线来对这一问题进行介绍。

美日之间关于日本领土管辖权的变更过程

1945 年上半年，太平洋战争已经进入到最后阶段。为了加强对日本本土的轰炸并为在日本本土实施登陆作战做好准备，美军于当年 4 月 1 日发起了冲绳战役。在十几万日军的猛烈抵抗下，这一战役持续到 7 月 2 日才结束。冲绳战役、瓜达尔卡纳尔战役和硫磺岛战役是太平洋战争期间美日两军进行的三次最为激烈残酷的岛屿争夺战。在长达三个月的激烈战斗中，美军为夺占冲绳付出了包括第十集团军司令巴克纳中将在内的 12 500 名官兵阵亡的重大代价，创造了太平洋战争历次战役中阵亡人数和阵亡将领级别两个最高的纪录。美军在冲绳本岛登陆以后，马上就在当地设置了军政府，对其实施直接的军政统治。这样，冲绳本岛便成为1945年8月15日日本投降前就已被美军攻占和统治的一块地区(除包括冲绳岛在内的琉球群岛之外，战后美军对日本本土的占领都是以间接统治的方式实施，而未实施直接的军政统治)。

按照《波茨坦公告》的规定，战后要对日本的领土进行重新划分。毫无疑问，日本的领土范围要被缩小，但是要缩小到什么程度呢？让日本保留哪些地方又失去哪些地方呢？各战胜国特别是美国该如何处理这件事呢？实际上，对于领土问题这一战后对日处置中最重大的问题，美国政府和军方早在战争还在进行的过程中就已经开始进行研究了。1944年1月，美国国务院新设立了远东局、特别政治局及战后计划委员会以研究战后的对日政策问题。1944年11月，又组建了一个由国务院和陆海军参加的协调委员会，作为美国对日政策的决策机关。确定战后日本领土范围的方案，在美国政府削弱日本和加强美国自身在亚洲太平洋地区力量的权衡中逐步酝酿形成。

1945年，在罗斯福总统去世后，美国海军就战后世界美军基地的设置问题，向新任的杜鲁门总统做了汇报。在呈给总统的一份题为《战后的基本计划(一)》的报告中，美国海军提出要把在全世界75个筹建基地中的53个设置在太平洋地区。杜鲁门总统对海军的研究作了如下批示："在琉球、小笠原群岛、火山列岛、硫磺岛、南鸟岛以及其他日本委任自治领的太平洋地区，美国有必要拥有排他性的军事权利。"当时一位负责监督海军战后计划的舰队高级将领也提出意见，认为从黄海到太平洋地区之间的区域极为重要，利用太平洋地区的基地群，美国可以居于"日本·亚洲纷争地区与太平洋之间"，因此这一地区被海军视为"美国之湖"，根据战争带来的血的教训，美国有必要对这一地区实施绝对统治。① 美国海军和杜鲁门总统的上述意见很快得到了美国陆军的赞同。

经过一番讨论以后，在 1945 年年底，美军在全球军事基地的数量、位置以及构成基本确定。在美军参谋长联席会议发布的《JCS 570/40》文件中，对日本有关领土的处置做了如下描述："对小笠原群岛以及琉球群岛等从日本分离出去的太平洋各岛屿实施托管统治，依据美国的战略考量，可在适当情况下，将这些岛屿指定为战略防区，置于美国具有排他性的战略统治之下。"文件将"琉球群岛"认定为美军未来的"最重要基地群"。② 这一经过美国军政高层反复斟酌研究形成的政策，为明确战后日本领土的范围提供了依据。

根据该政策，驻日盟军最高司令麦克阿瑟将军于 1946 年 1 月 29 日以《盟军最高司令部训令第 677 号》的形式，发出了"关于在政治上、行政上，把若干外围地区从日本分离出去的备忘录"（见附录 7），明确规定日本的版图范围是"日本的四个主要岛屿（北海道、本州、四国、九州）及包括对马诸岛、北纬 30 度以北的琉球（西南）群岛（口之岛除外）在内的约 1 000 个临近小岛"。这个训令包含的意思就是要把位于北纬 30 度以南的琉球群岛、小笠原群岛等岛屿从日本政府的行政管辖中分离出去。为什么这条分界线要划在北纬 30 度呢？一方面是要尽可能压缩日本的领

---

① 转引自刘少东：《日美冲绳问题起源研究（1942—1952）》，北京：世界知识出版社，2011 年，第 28 页。

② 同上，第 31 页。

土范围，使其限定在日本列岛周边；另一方面蕴含的深意是为把这些领土最终从日本分离出去做准备，因为北纬 30 度以南的琉球群岛大致就是 1609 年萨摩入侵之前琉球王国的领土范围。在停战前，美军通过冲绳战役夺占了冲绳本岛，在日本宣布投降后又南下控制了宫古列岛和八重山列岛。《盟军最高司令部训令第677 号》出台后，驻日盟军（实际上就是美军）又让日本政府把琉球本岛以北奄美群岛的管辖权交出来，划归驻在冲绳的琉球群岛美国军政府管辖。

1946 年 3 月 5 日，英国前首相丘吉尔在美国密苏里州的富尔顿发表著名的"铁幕"演说。1947 年 3 月 12 日，美国总统杜鲁门在国会两院发表国情咨文，称苏联为"极权政权"。丘吉尔的演说和杜鲁门的国情咨文，标志着第二次世界大战期间结成的反法西斯同盟最终破裂，美苏之间冷战由此开始，战后的世界格局发生重大变化。到 20 世纪 40 年代末和 50 年代初，随着日本社会民主化、非军事化改造的基本完成和经济生产的逐步恢复，缔结和平条约、恢复日本正常国家主权的问题开始被提到议事日程上。

经过美日两国前期的一系列谈判和准备，1951 年 9 月 4 日，在美国的召集下，由美国、英国、法国、土耳其、越南等 51 个国家参加的对日媾和会议在旧金山召开。9 月 8 日，与会的 48 个国家与日本签署了正式的媾和条约，即"旧金山对日和约"（见附录 8）。当时，美苏冷战已经开始，朝鲜战争正在进行，美国扶植和利用日本的意图已很明显，日本的吉田茂政府也已经在参加东方、参加西方还是保持中立的重大问题上做出了最终的决定，那就是和美国站在一起，作为以美国为首的西方阵营的一员回归

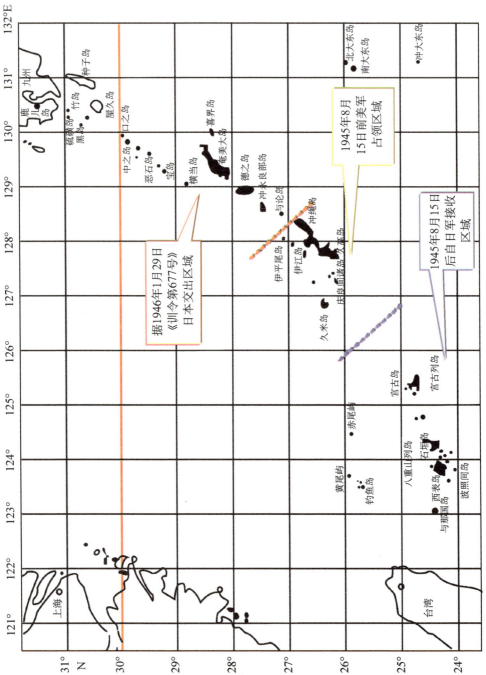

图3.12 战后美日关于日本领土范围变化示意图（美方获得）

国际社会。因此，在美国主导下签订的"旧金山对日和约"是一个对日本来说非常宽大的媾和条约。在这个条约签字五个小时以后，同样在旧金山，日本首相吉田茂和美国国务卿艾奇逊又签订了日美之间的另一项重要条约——《日美安全保障条约》①。"旧金山对日和约"、《日美安全保障条约》，再加上 1946 年 11 月 3 日公布的《日本国宪法》（一般称"和平宪法"或"46 年宪法"，1947 年 5 月 3 日生效），共同构成了战后美日之间战略关系的三个主要的法律基础和政治基础。

"旧金山对日和约"一共有七章二十七条。其中，关于美日之间领土管辖权的变更问题主要涉及两条。一个是第二章第二条，其中的第四款规定：日本放弃与国际联盟委任统治制度有关之一切权利、权利名义与请求权，并接受 1947 年 4 月 2 日联合国安全理事会将托管制度推行于从前委任日本统治的太平洋各岛屿之措施。这一条主要是针对太平洋上的马绍尔群岛、加罗林群岛和马里亚纳群岛。这些群岛在第一次世界大战之前是德国的殖民地。第一次世界大战开始以后，日本作为英国的盟国参加对德作战，占领了这些岛屿。第一次世界大战结束后，根据《凡尔赛和约》的规定，这些岛屿被国际联盟以委任统治的形式正式交给日本。在太平洋战争中，这些岛屿又被美军攻占。1947 年 4 月 2 日，根据美国政府的申请，联合国通过了《关于前日本委任统治

---

① 通常所说的《日美安保条约》共有前后两个版本：1951 年 9 月 8 日，日本首相吉田茂和美国国务卿艾奇逊于旧金山签订的《日美安全保障条约》，被称为《旧安保条约》，该条约于 1952 年 4 月 28 日生效；1960 年 1 月 19 日，日本首相岸信介和美国总统 D. D. 艾森豪威尔于华盛顿签订的《日美相互合作和安全条约》，被称为《新安保条约》，该条约于 1960 年 6 月 23 日双方互换批准书后生效。

图 3.13　1951 年 9 月"旧金山和约"签字仪式

岛屿的协定》(亦称《战略防区托管协定》)，把这些岛屿划定为战略防区，置于联合国的托管制度之下，并确定美国为管理当局。这也是具体实施 1945 年美军参谋长联席会议《JCS 570/40》文件政策的一部分。"旧金山对日和约"中的这一条实际上是要求日本政府对上述事实进行一种追认。另外一条是第二章的第三条，这条的全文表述为"对于美国向联合国提出的将北纬 29 度以南之西南群岛(包括琉球群岛与大东群岛)、孀妇岩岛以南之南方诸岛(包括小笠原群岛、西之岛与火山群岛)以及冲之鸟礁与南鸟岛，置于联合国托管制度之下，而以美国为唯一管理当局之任何建议，日本将予同意。在提出此种建议并采取肯定措施之前，美国有权对此等岛屿之领土及其居民，包括其领海在内，行使一切及任何行政、立法与司法权力。"①这就是在战后国际政治史上非常著名的"旧金山对日和约"第三条。这里面究竟包含着哪些玄机呢？

第一，和1946年盟军第677号训令规定的区域相比，美军直接统治的范围发生了变化，由原来的北纬30度以南调整到了北纬29度以南。为什么要南移1度呢？主要原因是在北纬29度至30度之间有一个吐噶喇列岛，这个群岛原本并不属于琉球王国的传统疆域范围，南移1度就可以把吐噶喇列岛从管理范围中剔除出去，使美军的管理区域完全和琉球王国的传统疆域吻合起来。

第二，这一条的表述中使用了"西南群岛"一词。在美国方面提出的草案中，原本的语言表述是"北纬29度以南之琉球群岛（the Ryukyu Islands）"，后来在日本方面的一再要求下，最终改成了"北纬29度以南之西南群岛（Nansei Shoto）"这一非常体现日本文化的表述，这就从国际条约的角度实现了琉球名称的日本化。

第三，最重要的是，这一条中只提到了美国在这些岛屿上的行政、立法和司法权力，而没有提到主权。而且，在和会召开期间，当时负责对日媾和谈判的美国国务卿顾问杜勒斯还专门就第三条的内容进行过一番说明："第三条主要处理琉球群岛以及日本以南和东南诸岛的问题。这些岛屿自日本投降以来一直处于美

---

① 冲之鸟礁是位于琉球本岛东南约1 070千米处太平洋上的两块礁石，涨潮时面积不足10平方米。关于冲之鸟礁的名称在国际上存在不同看法，中国、韩国等政府认为，冲之鸟礁仅能被称作"礁"，不能称为"岛"。而日本政府则认为此处属于岛屿，并称之为"冲之鸟岛"。在"旧金山和约"的日文版中，使用的名称亦为"冲之鸟岛"。在本书中，统一按中方习惯称为"冲之鸟礁"。

国单独行政权控制之下，若干盟国极力主张，通过此条约规定日本应该放弃这些岛屿的主权而交由美国。另外一些国家则提议，应将这些岛屿完全交还给日本。面对盟国间意见的分歧，美国认为最好的办法是将这些岛屿置于以美国为施政者的联合国托管制度之下，承认日本的剩余主权。"①这就是杜勒斯著名的剩余主权

理论（residual sovereignty，也翻译为潜在主权）。和约第三条的内容和杜勒斯的谈话在事实上承认了日本政府仍然拥有这些岛屿的主权，这就为日本以后"收回"这些岛屿提供了法律上的依据。这是吉田茂、芦田均等日本政治家在美日两国长达数年的缔约谈判中反复争取的结果，也是日本战后对美外交中获得的一个重大胜利。在"旧金山对日和约"签订之前，琉球群岛、小笠原群岛等在美国统治下的岛屿是有可能

图3.14 在对日媾和中发挥重大作用的美国外交官杜勒斯（1888—1959，历任国务卿助理、国务卿）

从日本的主权范围内被分离出去的，"旧金山对日和约"签订之后，日本对这些岛屿的主权至少得到了保证，不至于完全丧失

---

① 转引自王金辉，安成日：《二战后日美之间的冲绳行政权归还交涉》，载《外国问题研究》，2011年，第2期。

了。所以，在接受和约的演说中，日本的首席全权代表吉田茂首相讲道："对于根据和平条约第三条，将奄美群岛、琉球群岛、小笠原群岛等被置于联合国托管制度之下的北纬29度以南诸岛的主权保留给日本的美国全权代表和英国全权代表的发言，我非常高兴地以日本国民名义欣然予以接受。我期望世界，特别是亚洲尽快确立和平与稳定，使这些岛屿尽早返回到日本的行政管辖之下。"①当然，通过这个条约美国方面也有重要收获，那就是使驻琉球群岛的美国民政府(琉球群岛美国军政府于1950年12月15日改组为美国民政府)获得了对冲绳等地实施行政、立法与司法管辖的正式授权，使美国在该地区可能的长期统治变得合法化、正当化。

现在国内的一些报刊、文章中，提到了一个美国托管冲绳的问题，认为根据"旧金山对日和约"的规定，美国将北纬29度以南的西南群岛交由联合国托管，并在其后擅自扩大托管范围，将我国钓鱼岛纳入其中。笔者认为，虽然"旧金山对日和约"第三条中提出了一个将琉球群岛等地区交由联合国进行托管并以美国为管理当局的方案，但这一方案在条约的实际履行过程中并未真正实施。

以什么样的名义或形式对包括琉球群岛在内的这些从日本手里剥夺过来的岛屿进行统治，确实是美国政府和军方在战争期间就开始研究并不断争论的问题。对此，美军中一些将领曾提出来

① 转引自王金辉，安成日：《二战后日美之间的冲绳行政权归还交涉》，载《外国问题研究》，2011年，第2期。

直接把这些岛屿归于美国主权之下，但这种意见被否定了。主要原因是在第二次世界大战期间美国主导下通过的《大西洋宪章》《开罗宣言》和《波茨坦公告》等几个重要文件中都一再重申不追求领土扩张的原则。如果美国直接吞并这些地方，就会有悖于先前对国际社会做出的承诺。经过一番权衡以后，美国军政决策层的大部分人认为，统治这些领土的最好方式应该是在联合国的名义下进行托管。1945 年 6 月，根据旧金山大会上通过的《联合国宪章》中第十二、十三章的规定，正式建立用来解决战后领土问题的托管制度。1947 年 2 月 26 日，美国政府向联合国提交了对马里亚纳群岛、马绍尔群岛和加罗林群岛等日本前委任统治地进行托管的协议草案。1947 年 4 月 2 日，在对美国提出的草案进行讨论修改后，联合国通过了这一协议。美国得到了对上述地区进行托管统治的授权。

但在是否对更具有战略意义的琉球群岛等地实施托管的问题上，美国政府和军方一直存在争议。"旧金山对日和约"第三条的规定实际上只是为美国政府未来对琉球群岛、小笠原群岛等地实施管理的方式提供了两种选项：可以像先前的马里亚纳群岛等一样以联合国授权托管的方式管理（如果美国有这样的提议的话，日本将会同意）。否则，就按第三条的后半段，"在提出此种建议并采取肯定措施之前，美国有权对此等岛屿之领土及其居民，包括其领海在内，行使一切及任何行政、立法与司法权力"，在和约的这个授权下，可由美国民政府继续实施直接统治。实际上，"旧金山对日和约"签字以后，美国政府和军方仍然就如何执行第三条的问题存在着严重分歧。美国国务院认为，为了照顾日本国民的感情，维护美日关系，应该通过一些协议将这些岛屿返还给日本。以参谋长联席会议（JSC）为代表的军方立场是，通过托管对上述岛屿实施战略性统治，永久保留对基地的使用权。1952年1月25日，国务院在一份呈给国务卿艾奇逊的关于冲绳领土问题的报告中，分析了美国通过托管统治管理西南群岛及其他群岛可能引发的诸多政治问题，并警告这将给美国在太平洋地区的主导地位带来严重影响。[1] 争论一直持续到1952年4月28日和约正式生效，政府和军方仍然没有形成一致的意见。

1951年12月5日，美军按照和约的要求先期把位于北纬30度与北纬29度之间的吐噶喇列岛"归还"给日本。1953年8月8日，当时已担任艾森豪威尔政府国务卿的杜勒斯在草签《美韩共同防御条约》后的归国途中顺访东京。在与日本首相吉田茂会晤时，杜勒斯向日本方面宣布了一个令所有人感到意外的消息：美国决定放弃对奄美群岛的权利，并使日本恢复对这些岛屿行使统治权。1953年12月24日，美国与日本签署了《关于奄美群岛的协定》（日方又称为"返还奄美协定"）。该协定规定："对于奄美群岛，美国将1951年9月8日签订的旧金山对日和约的第三条所规定的所有权利和利益放弃给日本，从1953年12月25日起生效。日本从该日起，有权对奄美诸岛的领土和居民行使一切行政、立法和司法权力。"奄美群岛的"返还"意味着"旧金山对日和约"第三条中包含的对琉球群岛等地进行托管的方案已被美国最

---

① 刘少东：《日美冲绳问题起源研究（1942—1952）》，北京：世界知识出版社，2011年，第210页。

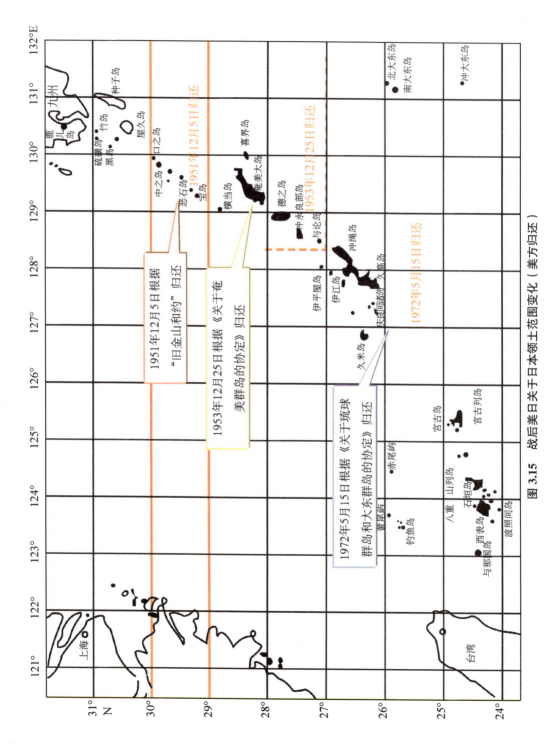

图3.15　战后美日关于日本领土范围变化（美方归还）

中之岛

恶石岛

宝岛

横当岛

奄美大岛

喜界岛

德之岛

冲永良部岛

与论岛

冲绳岛

伊平屋岛

伊江岛

久米岛

庆良间诸岛

久高岛

宫古岛

宫古列岛

赤尾屿

山列岛

八重

石垣岛

西表岛

波照间岛

黄尾屿

钓鱼岛

与那国岛

北大东岛

南大东岛

冲大东岛

种子岛

屋久岛

口之岛

硫黄岛

黑岛

竹岛

鹿儿岛

九州

上海

台湾

1951年12月5日归还

1953年12月25日归还

1972年5月15日归还

1951年12月5日根据
"旧金山山和约"归还

1953年12月25日根据《关于奄
美群岛的协定》归还

1972年5月15日根据《关于琉球
群岛和大东群岛的协定》归还

终放弃，美国选择了依据第三条后半段"在提出此种建议并采取肯定措施之前……"继续对冲绳实施直接统治。所以，当时许多日本人认为，奄美的"归还"意味着对冲绳的永久霸占。

从那时起，归还琉球群岛等地成为历届日本政府努力的目标，也成为美日关系中的一个重大问题。在整个20世纪50年代，美国在这一问题上的立场都非常坚定，毫不松动。到60年代，随着日本自身经济、政治实力的提升和美国深陷越战泥潭，自身实力下降，美国在归还琉球群岛问题上的立场开始出现松动。1968年4月5日，美日两国政府签署了《关于南方诸岛及其他岛屿的协定》。美国决定把孀妇岩岛以南的小笠原群岛、西之岛、火山群岛以及冲之鸟礁与南鸟岛等"归还"日本。1969年11月，佐藤荣作首相访美，在与尼克松总统会晤后，两国发表联合声明，宣布美国将在1972年之前把剩余的琉球群岛等地"还给"日本。1971年6月17日，美日两国政府签署《关于琉球群岛和大东群岛的协定》（日方又称为"归还冲绳协定"）（见附录9）。根据这一协定，1972年5月15日，美国将琉球群岛、大东群岛的行政管辖权正式"归还"日本。美日据此认为，战后两国间长达27年的关于日本领土管辖权的谈判和交涉宣告结束。

战后中日之间的领土调整

1943年12月《开罗宣言》发表之后，按照宣言明确的精神，中国国民政府即开始着手做收复台湾的准备。1944年夏，国民政府组建了"台湾调查委员会"专门负责此事，以当时的行政院秘书长陈仪为主任委员。委员会成立以后，即着手收集台湾的政治、军事、经济、文教、卫生等各业的情况信息，并组织开办各类专职训练班，为接受台湾培训人员。1945 年 8 月 15 日日本宣布投降后，国民政府即发布公告，宣布将接收台湾。公告称：本年 8 月 14 日，日本政府已答复中、美、英、苏四国无条件投降。依照规定，台湾全境及澎湖列岛应归还中国，本府即将派行政及军事各官吏前往治理。凡我在台人民，务须安居乐业，各守秩序，不得惊扰滋事。所有在台日本陆海空军及警察，皆应听候接收，不得逾越常规，危害民众生命财产……①

1945 年 9 月 9 日上午 9 时，日方代表、中国派遣军总司令冈村宁次大将，在南京的中央军校大礼堂，向中方代表、陆军总司令何应钦上将正式投降。10 月 25 日上午 9 时，中国战区台湾省日军投降仪式在台北公会堂举行，日方代表、台湾总督兼第 10 方面军司令安藤利吉大将向中方代表陈仪投降。在受降书中，陈仪宣布：中华民国三十四年 9 月 9 日，已在首都南京接受日本投降。本官奉中国战区最高统帅蒋中正之命，为台湾受降主官，兹以第一号命令，交与原日本台湾总督兼第 10 方面军司令安藤利吉。依照此项命令，台湾全境及澎湖列岛应交还中国，所有日本在台湾及澎湖列岛的陆海空军和警察，均应缴出武器，听候处理，希即遵行。② 经过这短短 5 分钟的受降典礼，日本对台湾长

---

① 《国民党政府接收台湾纪实》，中国青年网 htpp：//www. youth. cn，2009 年 12 月 10 日。

② 同上。

达 50 年的殖民统治正式宣告结束，台湾重新回到祖国的怀抱。为了纪念这一刻，国民政府决定把 10 月 25 日定为"台湾光复节"。每年这一天，台湾全省都要举行庆祝活动，并放假一天。

图 3.16　1945 年 10 月 25 日的台湾光复仪式

这样，按照《开罗宣言》和《波茨坦公告》的要求，"日本过去从中国窃取的一切领土，例如东北、台湾、澎湖列岛等"就算归还中国了，中日之间的领土变更实际上就调整完毕了。再下一步就是双方签订和约，正式结束战争状态，重新构建新的国家关系问题了。

按照波茨坦会议的精神，战后盟国与日本的媾和问题应该由主要反法西斯国家共同处理。因此，"旧金山对日和约"的协商和订立中国也应该参加进来。但是，众所周知，第二次世界大战结束以后中国很快就陷入到了内战之中。到 1949 年，新中国成立，国民党政权败逃台湾。客观上，中国陷入了分裂，一个国家出现了两个政权。这样，在旧金山和会的准备过程中就遇到了一个问题：美国坚持让台湾的蒋介石政权代表中国参加会议，反对新中国代表参加，而当时英国已经承认新中国，反对台湾方面参加，最后两国通过协商，形成了一个所谓的"折中方案"，即将新中国政府和台湾当局都排斥在和约签字国之外，另由日本在结束占领后自主决定选择一方与之商订一个大致相同的双边和约。

对于这种排斥中国参加的做法，中国政府提出了严正抗议，并从一开始就拒绝承认这一和约的合法性。在旧金山会议即将召开前的 1951 年 8 月 15 日，中国总理兼外长周恩来就发表声明："对日和约的准备、拟制和签订，如果没有中华人民共和国的参加，无论其内容与结果如何，中央人民政府一概认为是非法的，因而也是无效的。"①和约签字后的 9 月 18 日，周恩来总理兼外长再次发表声明，指出旧金山和约是非法无效的，绝对不能承认。由于"旧金山对日和约"本身的片面和缺陷，与会的苏联、波兰和捷克斯洛伐克三个国家最终没有在条约上签字，这就是为什么 51 国参会，最后只有 48 国签字的原因。所以，对于"旧金山对日和约"的有效性，最后就形成了一种美国和日本承认，而中国和苏联不承认的局面。归根到底，这个条约还是由美国一家主导下的、片面的对日媾和条约。

虽然没有中国代表参会，"旧金山对日和约"中仍然包含了关于中日之间领土主权变更的规定和表述。主要是在和约的第二条，其中第二款规定，"日本放弃对台湾、澎湖列岛之一切权利、权利名义与请求权"；第六款规定，"日本放弃对南沙群岛、西沙群岛之一切权利、权利名义与请求权"。虽然由于中国方面没有参加媾和，也没有在条约上签字，这些规定不具有同时对中日双方的约束力，但是这毕竟还是日本方面通过国际条约的形式，对

---

① 中华人民共和国国务院新闻办公室：《钓鱼岛是中国的固有领土》，北京：人民出版社，2012 年，第 14 页。

国际社会做出一种郑重承诺。

旧金山和会以后，日本吉田茂政府对究竟选择新中国还是台湾方面作为媾和对象持一个观望态度。后来，在美国政府的要挟之下，最终决定选择台湾方面作为与中国媾和的谈判对象。1952年4月28日，也就是"旧金山对日和约"、《美日安保条约》正式生效这一天，台湾方面的代表、"外交部长"叶公超与日本方面的代表、外相河田烈在台北正式签订了"中日和平条约"，即"日台条约"（见附录10）。这个条约一共十四条，同时附有议定书两款七项，作为对条约正文的附加和解释。这个条约除了宣布"中华民国"与日本国之间的战争状态正式结束之外，关于中日之间的领土变更做了如下表述（即第二条）：兹承认依照公历1951年9月8日在美利坚合众国金山市签订之对日和平条约第二条，日本

图3.17　1952年4月28日"中日和平条约"（即"日台条约"）的签字仪式

国业已被放弃对于台湾及澎湖群岛，以及南沙群岛及西沙群岛之一切权利、权利名义与要求。① 因为这个条约是在美国的斡旋下签订的，当时台湾国民党政权也同意以"旧金山对日和约"为基础缔结中日和约，所以这个所谓的"中日和平条约"其实就是把"旧金山对日和约"中申明的条款又以中日双边条约的形式做了一次复述而已。这个条约和"旧金山对日和约"是一脉相承的。

虽然"中日和平条约"是一个非法条约，但此时至少就台湾当局和日本政府看来，中日之间战后领土的交接工作已进行完毕。不过，这里面有个问题，那就是从 1945 年 10 月交接台湾至 1952 年签订和约，中国国民政府及后来的台湾当局在和日本进行交涉的过程中，强调涉及的领土范围就是"台湾、澎湖列岛"，而对这里面"台湾"所指的具体范围并没有做出过一个非常清晰、明白无误的界定。尤其严重的是，中国国民政府在准备接受台湾的过程中和接受台湾以后，既没有明确作为台湾附属岛屿的钓鱼岛列岛的行政区划，实施一些必要的行政管辖，也没有在岛上建立象征国家主权的界碑、标桩等标志，而只是想当然地认为钓鱼岛作为台湾的一部分，已经和台湾本岛一起重新成为中国领土的一部分了。

从现在来看，1945 年至 1952 年这七年时间是中日钓鱼岛矛盾酝酿过程中一个非常重要的阶段，也是中国方面完全掌握钓鱼岛主权的最佳时机。在此期间，中国国民政府本来可以有三次机会完全掌握钓鱼岛的主权，避免后来出现的争议。一是在 1945 年 10

---

① 该约签订时使用的美国旧金山市中文名称为"金山市"。

月中日双方交接台湾的时候，可以以一定的形式（比如地图、经纬度线），把钓鱼岛作为台湾的附属岛屿明确划入交接范围，明明白白完成交接；二是在完成台湾交接以后，明确钓鱼岛的行政区划，实施有力的行政管理和建立必要的主权标志，来确立和彰显自己的主权；三是对日媾和谈判过程中，通过国际条约（"旧金山对日和约"）或双边和约的形式，把钓鱼岛明确作为台湾的附属岛屿，列入日本应该放弃的领土范围之内。后来钓鱼岛问题之所以产生，一个重要的原因就是中国国民政府当时没有很好地把握住这三次机会，给了日本、美国方面一个可乘之机。

为什么会出现上述这种情况呢？可能主要有两方面的因素：一是第二次世界大战结束以后中国很快陷入内战之中，使得中国没有作为大国和强国强势地参与到战后国际领土特别是中日领土的重新划分中，没有实力和机会强有力地为自己主张合理的领土权益，而这样一个重要的重新分配过程几乎完全是在美国一方的主导之下完成的，中国自身的合法权益完全被忽视甚至被出卖。二是在台湾主权交接过程中和交接完成后，中国国民政府出现了一些马虎和大意，对钓鱼岛的主权问题没有足够的重视，以致管理和控制的措施没有及时到位。所以，我们要抱着一种为历史还债的态度，来处理今天的钓鱼岛问题。这个所谓的"还债"其实就是偿两个债：一是还当年清王朝坐视琉球王国灭亡和甲午战争被日本打败的债，这是钓鱼岛问题产生的早期诱因；二是要还第二次世界大战后台湾交接过程中和交接后对钓鱼岛长期忽视的债，还当时中国内战的债，这是钓鱼岛问题形成的直接原因。

错划的范围

正是由于中国方面的疏忽和大意，为美国和日本方面把钓鱼岛擅自纳入到琉球群岛的管辖范围创造了条件。战后最先把钓鱼岛归入琉球群岛管辖范围的还不是日本，而是美国，是当时的驻琉球群岛美国军政府以及后来的民政府。1950 年 8 月 4 日，琉球群岛美国军政府以第 22 号布令的形式，公布了《群岛政府组织法》①。这个法律主要是为美国军政府督导下的、即将成立的群岛政府（冲绳本地人组成）的运行做准备。在这个法律的第一章第一条对群岛政府管辖范围做了明确规定，将之分为四个区域：

A. 奄美群岛，……。

B. 冲绳群岛，……。

C. 宫古群岛，左列界线内各岛屿及其低潮线 3 海里以内的水域：以北纬 27 度、东经 124 度 2 分为起点，经北纬 24 度、东经 124 度 40 分和北纬 24 度、东经 128 度两点至起点。

D. 八重山群岛，左列界线内各岛屿及其低潮线 3 海里以内的水域：以北纬 27 度、东经 124 度 2 分为起点，经北纬 24 度、东经 122 度和北纬 24 度、东经 124 度 40 分两点至起点。

---

① The Law Concerning the Organization of the Gunto Governments（Military Government Ordinance No. 22），1950 年 8 月 4 日，琉球政府总务部涉外信息部文书课资料（0000011035），冲绳县公文书馆藏。

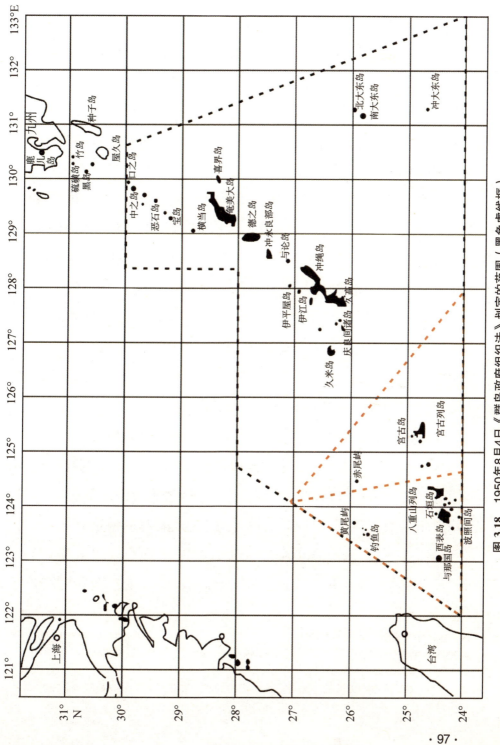

图 3.18　1950年8月4日《群岛政府组织法》划定的范围（黑色虚线框）

这个明确划分的范围大致上就是和 1946 年 1 月 29 日《盟军最高司令部训令第 677 号》规定的北纬 30 度以南区域相对应的，但是这里面包括的不仅仅是原属日本的琉球群岛，而且还把中国的钓鱼岛及其附属岛屿也包括了进去。钓鱼岛和黄尾屿（日方称久场岛）被划入八重山群岛辖区，赤尾屿（日方称大正岛）被划入宫古群岛辖区。

1952 年 2 月 29 日，琉球群岛美国民政府（琉球群岛美国军政府于 1950 年 12 月 15 日改组成民政府）以第 68 号布令的形式，公布了《琉球政府章典》。① 这个章典是为即将成立的琉球政府（冲绳本地人组成）的运行做准备的。琉球政府成立于 1952 年 4 月 1 日，一直运行到 1972 年美国"归还"冲绳。在《琉球政府章典》第一章第一条中，对琉球政府的管辖范围做出了规定。这个范围大体上对应着"旧金山对日和约"规定的北纬 29 度以南的范围，但是同样把中国的钓鱼岛列岛划入其中。

1953 年 12 月 25 日，琉球群岛美国民政府又以第 27 号布告的形式，发布了《琉球群岛之地理境界》（见附录 11）。② 为什么当时要发布这么一个布告呢？原因就是我们之前所讲的，在 1953 年 12 月 24 日，美国与日本签署了《关于奄美群岛的协定》（即"返还奄美协定"），该协定于第二天正式生效。为了适应奄美"归还"的新情况，美国民政府通过发布《琉球群岛之地理境界》的布

---

① Provisions of the Government of the Ryukyu Islands（Civil Administration Ordinance No. 68），1952 年 2 月 29 日，琉球政府总务部涉外信息部文书课资料（0000011300），冲绳县公文馆藏。

② 布告、布令都是美国军政府、民政府、行政长官等制定、公布的法令。其中，布告规定更为重要、基本的事项。

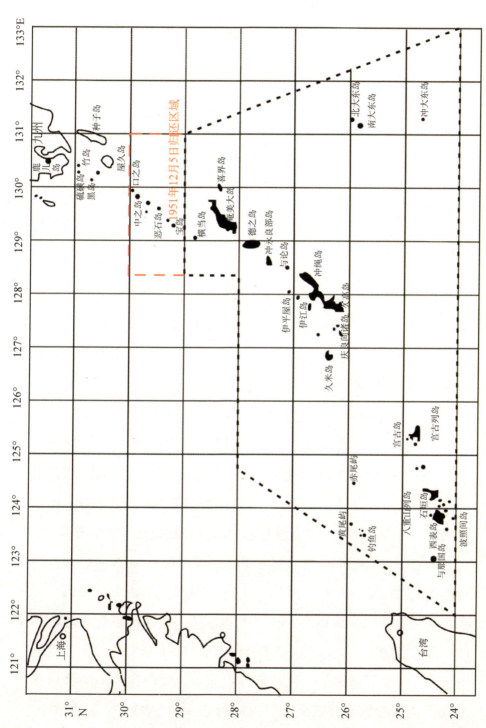

图 3.19　1952年2月29日《琉球政府章典》划定的范围（黑色虚线框）

告，对琉球政府的管辖范围做出了一个相应的调整和再次界定：

第1条 重新指定琉球群岛美国民政府及琉球政府的管辖区域为如下地理境界内的诸岛、小岛、环礁和岩礁以及领海：以北纬28度、东经124度40分为起点，经北纬24度、东经122度，北纬24度、东经133度，北纬27度、东经131度50分，北纬27度、东经128度18分，北纬28度、东经128度18分之各点至起点。

这个范围是由六个点连线构成的，再次把中国的钓鱼岛列岛划入其中。此后，根据这个范围又对《琉球政府章典》第一章第一条的内容做了一次修正，使两者一致起来。这六点连线最终成为日本主张对钓鱼岛主权的主要依据之一。它的逻辑就是："旧金山对日和约"第三条规定了北纬29度以南归于美国管辖之下，其后，通过琉球群岛美国民政府发布的《琉球政府章典》《琉球群岛之地理境界》两个文件对美国的管辖范围做出了具体规定，钓鱼岛是包括其中的，所以钓鱼岛是包括在"旧金山对日和约"第三条归于美国管辖范围之内的，"归还"这些区域时理应把钓鱼岛一并"归还"。

依据《开罗宣言》《波茨坦公告》一再申明的原则和精神，钓鱼岛毫无疑问应该被归入战后日本向中国归还的领土范围内。钓鱼岛作为台湾的附属岛屿，在历史和地理上从来都不是琉球群岛的一部分，绝无可能包括在"旧金山对日和约"第三条规定的岛屿范围内。而美国军政府、民政府却把原本应该归还中国的钓鱼岛划入了琉球群岛的管辖范围，这显然是一种"错划"。正是美国

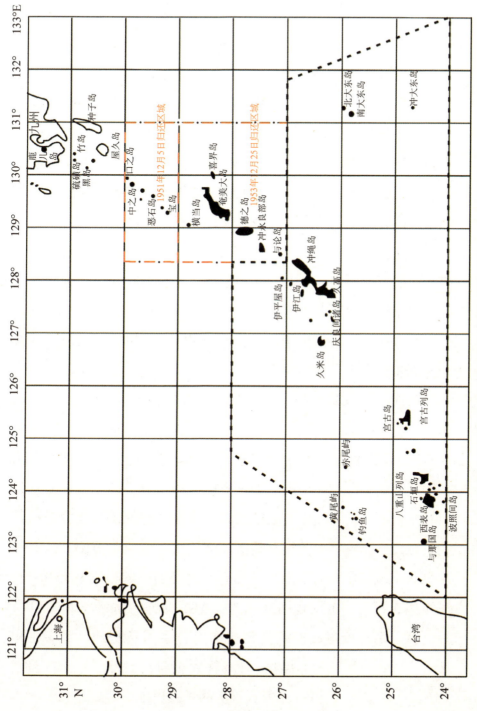

图 3.20　1953年12月25日《琉球群岛之地理境界》划定的范围（黑色虚线框）

方面的这种"错划"，在日后中日两国关系发展的道路上埋下了一颗威力巨大的"地雷"。那么，是什么原因导致了美国军政府、民政府出现这样的"错划"呢？对这一问题要实事求是地分析。

首先，美国军政府、民政府战后把钓鱼岛列岛划入琉球群岛的范围，相当部分原因是由于沿袭了日据时代钓鱼岛列岛在行政上归属冲绳县管辖的惯例。美国方面在战后确定琉球群岛范围时，没有对历史上钓鱼岛列岛被纳入冲绳的过程和原因进行系统考察，没有认识到钓鱼岛列岛作为日本过去非法从中国窃取夺占的领土应该归还中国这一重要情况，从而没有将钓鱼岛列岛与原属冲绳的其他岛屿区别对待并在管理范围中将其划出。这就是美国方面在这一问题上犯下的错误和应该承担的责任。虽然不能说当时美方这种作法是出于一种有意在中日之间制造矛盾的目的，但其确实负有不可推卸的责任。

其次，美国军政府、民政府把钓鱼岛列岛划入琉球群岛管辖范围，另外的部分原因可能是由于中国方面在与日本交接台湾和签订"中日和平条约"时，只是想当然地认为钓鱼岛列岛作为台湾的附属岛屿理应归还中国，而没有明确提出有关的主张，特别是忽视了对这一区域实施有力的管理和控制，这就使美国方面误认为钓鱼岛不是台湾的附属岛屿、不属于中国领土的范围，从而把它划入了琉球群岛的范围。既然有了这样的误解，从1955年起，美军把赤尾屿、黄尾屿两岛作为海空军训练的演习场地（靶场）后，就分别与琉球政府及古贺善次签订了租赁契约，并支付租金。当时，美军认为赤尾屿（日方称大正岛）为冲绳的国有土地，黄尾屿（日方称久场岛）为古贺善次的私有民地。

四、钓鱼岛问题的斗争和博弈

矛盾显现

即便是在战后美日、中日的领土调整和变更过程中出现了这么大的失误和疏漏，钓鱼岛问题在当时甚至在其后的很长一段时间里，并没有成为中国、日本和美国之间的一个突出的政治外交争端。可以说，在1945年至1969年的长达24年的时间里，钓鱼岛列岛几乎是一个被人遗忘的岛群。那么，钓鱼岛问题又是在什么时间最终浮出水面，成为一个被广泛关注的焦点问题呢？是在1969年。1969年发生了一件对钓鱼岛问题影响深远的事件，就是埃默里报告的出台。

早在1961年5月，在《美国地质学会会刊》(Geological Society of America Bulletin)杂志上发表了一篇美国科学家埃默里(K. O. Emery)和日本科学家新野弘(Hiroshi Niino)联合署名的论文，题目是《东海和南海浅水区的沉积物》(Sediments of Shallow Portions of East China Sea and South China Sea)。[①] 这篇论文

---

① 转引自朱凤岚：《中日东海争端及其解决的前景》，载《当代亚太》，2005年，第7期。

通过分析认为，中国东海下面极可能蕴藏着丰富的有机碳，遂引起了人们对东海海域富有石油和天然气的广泛兴趣。1966 年，联合国"亚洲及远东经济委员会"成立了一个"联合探测亚洲近海地区矿藏资源合作委员会"，帮助有关国家探测亚洲东海岸海底的矿藏。1968 年 10 月到 11 月，在这个委员会的协调下，美国、日本、韩国和中国台湾四方的联合考察团对东海和黄海进行了大规模的考察，埃默里为这次活动的科学顾问。1969 年 4 月，根据考察的结果，发布了名为《东海与黄海的地质构造和水文特征》（Geological Structure and Some Water Characteristics of the East China Sea and the Yellow Sea）的报告，即通常所说的"联合国

埃默里（K. O. Emery）　　　　　　新野弘（Hiroshi Niino）

图 4.1　美国科学家埃默里和日本科学家新野弘

1969 年的报告"或"埃默里报告"。① 报告宣布，中国东海和黄海的大陆架与海底有极大可能蕴含着石油和天然气，其中台湾东北方，也就是钓鱼岛周围大约 20 万平方千米的区域有可能成为拥有丰厚储量的、世界级的产油区。

　　由于受地理条件的限制，导致开采难度大、成本高，钓鱼岛附近的石油资源到现在为止还没有大规模开采过，"埃默里报告"预计的经济效益一直没有成为现实。但是，在当时，这个报告的

出台确实引起了巨大的轰动。钓鱼岛一夜之间就从一个静静兀立在中国东海洋面上的、不为人关注的小小岛群，变为各方关注的焦点。由于日本方面还没有"收回"冲绳，在钓鱼岛争夺中冲在最前面的还是处于琉球群岛美国民政府管辖之下的琉球政府。1969 年 5 月 9 日，琉球政府闻风而动，派出人员登上钓鱼岛列岛，迅

图 4.2　1969 年 5 月琉球政府在钓鱼岛上建立的"主权标志"

────────────

　　① 转引自朱凤岚：《中国东海争端及其解决的前景》，载《当代亚太》，2005 年，第 7 期。

速在每个岛屿上制造出所谓的"主权标志"：在各岛上，各立一个
1 米高、30 厘米宽的水泥标柱。其中，在钓鱼岛上树立的水泥标
柱上写下了"八重山尖阁群岛鱼钓岛"的字样，背面写上"石垣市
建立"等字样。同时，还在钓鱼岛上另外竖起了一个大理石柱，
写上"八重山尖阁群岛"并列举各岛的日本名称（鱼钓岛、久场
岛、大正岛、南小岛、北小岛、冲南岛、飞獭礁），还仔细清除
一切中国人在岛上活动留下的痕迹。这是历史上钓鱼岛列岛第一
次出现日本方面的"主权标志"（1895 年那次并没有实施）。伴随
着琉球政府的夺占行动，中日之间关于钓鱼岛主权的争端正式浮
出水面。

在中国方面，首先声明钓鱼岛主权的是台湾当局。1969 年 7
月 17 日，台湾当局的"行政院"发表《我对沿海大陆礁层资源之探
勘及开发，得行使主权上权利》的声明，① 声明中称："中华民国
系 1958 年联合国海洋法会议通过之大陆礁层公约之签约国，兹
为探测及开发天然资源之目的，特照该公约所规定之原则，声明
中华民国政府对于邻接中华民国海岸，在领海之外的海床及底
土，均得行使主权上之权利。"声明中虽然没有具体提到"钓鱼
台"的名称，但它的所指是明显的。1969 年 11 月，佐藤荣作首相
访美，与尼克松总统发表联合声明，宣布美国将在 1972 年之前
把剩余的琉球群岛等地"还给"日本。美日之间的这个声明为日本
政府接下来强力介入钓鱼岛的主权争端提供了底气。得知中国台

---

① 《钱复回忆钓鱼岛事件始末》，载《参考消息》，2005 年 3 月 1 日。我国台湾地
区习惯使用的"大陆礁层"一词，即为国际法上所指的"大陆架"。

湾方面的举动后，日本政府于 1970 年 7 月 18 日照会台湾"外交部"，认为台湾方面在东海大陆架所设定的石油开发区域，系中国政府的片面主张，在国际法上并非有效。8 月 19 日，台湾方面"外交部"做出答复，认为钓鱼岛问题之交涉对象为美国，而非日本，因此对日方之关切表示不能同意，并指出日本对于台湾以北邻近我国海岸之大陆礁层上突出海面之礁屿所作领土之叙述及主张，我政府不能同意，并认为我政府有在该海域探勘与开采之权。中日双方在钓鱼岛主权上的争议已非常明显了。除了在外交上坚决否认中国对钓鱼岛的主权以外，从 1970 年 7 月起，琉球政府开始采取措施，强力驱逐在钓鱼岛附近海域作业的中国台湾渔船队，阻止中国人在钓鱼岛附近捕鱼及登岛。日方试图不断强化抢占、控制钓鱼岛的行动，双方的矛盾逐步升级。

美国的态度

中日之间关于钓鱼岛的主权争端爆发的时候，恰恰正是美国准备向日本"归还"冲绳的时候。怎么"归还"冲绳、"归还"的领土范围到底包不包括钓鱼岛这样的争议区域，成为摆在美国政府眼前的一个重大政治问题。从一开始，美国对中日之间的主权争议就是非常慎重甚至有些含糊的。1970 年 9 月 10 日，在美国国务院召开的记者会上，发言人麦劳夫斯基以回答记者提问的方式，表明了美国政府对这一问题的立场："根据对日和约第三条的规定，美国拥有对'西南群岛'的施政权……条约中'西南群岛'这个词是包括尖阁群岛的。根据条约，美国把尖阁群岛作为琉球群岛的一部分进行管辖，但认为琉球群岛的剩余主权仍属于日本。作为尼克松总统与佐藤荣作首相1969年11月达成协议的结果，琉球群岛的施政权有望于1972年归还日本。关于尖阁群岛的主权争议，我们认为应该由相关各方来解决。"①同一天，美国政府发表的关于钓鱼岛主权争议的声明中体现的意思和发言人的上述谈话基本一致。现在看，美国方面最初的这个表态虽然含糊，但实质上对日本还是比较有利的，因为美国认为"尖阁群岛作为琉球群岛的一部分"，并且承认"琉球群岛的剩余主权仍属于日本"，这就在一定程度上认可了钓鱼岛的主权可能属于日本。但美国的这种立场随后发生了一些微妙的变化。鉴于这个问题关乎多方利益，美国政府决定尽可能回避钓鱼岛的主权归属问题，不牵涉其中，但还是要把钓鱼岛作为琉球群岛的一部分列入向日本"归还"施政权的范围。

在接下来美日双方就"归还冲绳协定"的交涉谈判过程中，虽然日本方面一再要求美国方面通过明确的表述，把钓鱼岛列入"归还区域"。但是，美国方面为了避免卷入纷争，在协议中有关"归还区域"的表述中，采用了一种笼统模糊的方法。1971年6月17日，美日两国政府签署了《关于琉球群岛和大东群岛的协定》（见附录9，即"归还冲绳协定"），一共九条。关于美国向日本"归还"施政权的区域范围，在第一条中做了规定："所谓'琉

---

① ［日］浦野起央等：《钓鱼台群岛（尖阁诸岛）问题研究资料汇编》，励志出版社，刀水书房，2001年，第198页。

球群岛、大东群岛’是指根据‘旧金山对日和约’第三条规定美利坚合众国被授予的全部领土和领水范围内，日本有权行使行政、立法和司法方面的一切权力。这种权力不包括根据 1953 年 12 月 24 日和 1968 年 4 月 5 日美利坚合众国和日本国分别签署的关于奄美群岛的协定和关于南方岛屿及其他岛屿的协定中已归还日本的部分。”也就是说，这个范围是“旧金山对日和约”第三条规定的区域，但除去先前已“归还”的奄美群岛、南方诸岛等地区。实际上条约中并没有提到钓鱼岛在“归还”的范围中。那么，他们究竟是以一种什么样的形式把钓鱼岛划进去的呢？是在双方谈判中形成的另外一个文件《共识议事录》中。这个文件是“归还冲绳协定”的一个附属文书。其中表明，“归还”的范围“是基于和日本国签订的和平条约第三条规定而处于美国施政下的领土，即 1953 年 12 月 25 日为民政府布告第 27 号所指定的，由以下各坐标点依次连接区域内的所有岛屿、小岛、环礁及岩礁：北纬 28 度东经 124 度 40 分、北纬 24 度东经 122 度、北纬 24 度东经 123 度、北纬 27 度东经 131 度 50 分、北纬 27 度东经 128 度 18 分、北纬 28 度东经 128 度 18 分、北纬 28 度东经 124 度 40 分”，从而将位于北纬 25 度 40 分至 26 度、东经 123 度 20 分至 124 度 40 分的中国领土钓鱼岛非法划入其中。

美国和日本把钓鱼岛列入“归还”冲绳的范围，引起了中国的强烈反对。1971 年 6 月 11 日，中国台湾方面针对美日企图把钓鱼岛列入“归还区域”的问题发表声明。这个声明首先对美国未与台湾方面协商就决定把琉球群岛“交还”日本表示了不满，其后表明了对钓鱼台列屿问题的立场：“……该列屿基于历史、地理、使用及法理之理由，其为中华民国之领土，不容置疑，故应于美国结束管理时交还中华民国。现美国竟将该列屿之行政权与琉球群岛一并交予日本，中华民国政府认为绝对不能接受，且认为此项美日间之移转绝不能影响中华民国对该列屿之主权主张，故坚决加以反对，中华民国政府仍切盼关系国家尊重我对该列屿之主权，应即采取合理合法之措置，以免导致亚太地区严重之后果。"①这年的 12 月 30 日，中华人民共和国外交部发表了严正声明，指出："钓鱼岛、黄尾屿、赤尾屿、南小岛、北小岛等岛屿是台湾的附属岛屿。它们和台湾一样，自古以来就是中国领土不可分割的一部分。美、日两国政府在'归还'冲绳协定中，把我国钓鱼岛等岛屿列入'归还区域'，完全是非法的，这丝毫不能改变中华人民共和国对钓鱼岛等岛屿的领土主权。中国人民一定要解放台湾！中国人民也一定要收复钓鱼岛等台湾的附属岛屿！"②

　　面对来自中国方面的强烈抗议和反对，在"归还冲绳协定"签订以后，美国政府不得不一再申明自身对钓鱼岛问题的立场。1971 年 10 月 20 日，美国助理国务卿斯塔尔（Robert Starr）在写给参议院的信中表示："把原从日本取得的对这些岛屿的施政权归还给日本，毫不损害有关主权的主张。美国既不能给日本增加在他们将这些岛屿施政权移交给我们之前所拥有的法律权利，也不能因为归还给日本施政权而削弱其他要求者的权利……对此等岛

---

　　① 王禹：《钓鱼岛及琉球法律文献汇编》，澳门：濠江法律学社，2013 年，第 100 页。
　　② ［日］浦野起央等：《钓鱼台群岛（尖阁诸岛）问题研究资料汇编》，励志出版社，刀水书房，2001 年，第 36 页。

屿的任何争议的要求均为当事者所应彼此解决的事项。"①同年 11 月，美国参议院批准"归还冲绳协定"时，美国国务院再次发表声明称，尽管美国将该群岛的施政权"交还"日本，但是在中日双方对群岛对抗性的领土主张中，美国将采取中立立场，不偏向于争端中的任何一方。

在此过程中，中日双方在钓鱼岛主权上的斗争还在不断加剧。1971 年 10 月 28 日，日本防卫厅正式宣布把钓鱼岛列岛划入日本的防空识别圈。作为回应，12 月 2 日，中国台湾方面宣布将钓鱼岛划属宜兰县管辖。随着 1972 年 5 月 15 日美国和日本之间完成琉球群岛管辖权的交接，中日之间因为钓鱼岛主权问题发生的第一轮冲突基本上尘埃落定。可以说，2012 年前中日钓鱼岛争端的基本格局就是此时奠定的。这个格局大体就是：日本方面试图抢占、控制钓鱼岛；中国方面则坚持对钓鱼岛的主权要求，坚决反对日方的侵权行为；美国方面强调"归还"日本的仅仅是"施政权"，对主权归属问题不持立场，你们自己争，自己解决。

失利原因

在 1969 年之前，中国方面虽然由于自身疏忽，对钓鱼岛列岛的管理力度上存在不足，而对美国督导下的琉球政府而言，也

---

① 中华人民共和国务院新闻办公室：《钓鱼岛是中国的固有领土》，北京：人民出版社，2012 年，第 11 页。

没有对钓鱼岛真正实施过什么有效的管理。但在双方的矛盾爆发以后，日本方面积极行动，敢于放手一搏，甚至不惜动用强力达到自己的目的，并至少获得了美国关于"施政权"的明确承诺。反观中国方面，除了一再重申坚持己方的主权立场以外，在钓鱼岛问题上再鲜有实质性举措。总体来看，在双方的第一回合较量中，中国方面是落了下风。为什么会出现这种不利的局面呢？大概有两方面原因。

首先，还是和中国当时的自身状况有关系。由于中华人民共和国成立以后，始终和美国处于一种严重的敌对状态，在20世纪60年代末以美国为主组织的那次东海、黄海海洋调查中，根本没邀请中国大陆方面参加，只有中国台湾方面以代表身份参与调查。而在这场钓鱼岛主权争端中，钓鱼岛又属于台湾的附属岛屿，所以这场纷争一开始主要是由台湾方面参与其中。而台湾方面从1949年开始，就始终以大陆为主要威胁和对手。为了保障自身生存，1954年3月，台湾当局与美国签订了"中美共同防御条约"，即"美台条约"。通过这个条约，明确了美国协防台湾的义务，台湾方面也就此加入了美国领导下的军事同盟体系。在20世纪60、70年代，美国是台湾方面的主要盟友和安全支柱，而日本此时也已摆脱第二次世界大战的影响，成为世界主要经济大国和美国在东亚西太平洋地区最重要的盟友。所以，在钓鱼岛问题显现的时候，台湾方面限于自身实力和利益所求，面对美、日这样的对手显得非常弱势，在斗争中可以出的牌不多。而且，在这个过程中还发生了一系列的重大事件。1971年7月9日至11日，美国总统国家安全事务助理基辛格秘密访华。1971年7月

15 日，尼克松总统通过广播和电视，向外界宣布了基辛格已经访华和他本人应周恩来总理的邀请将于 1972 年 5 月份前访华，与中国领导人就美中关系正常化及两国共同关心的问题交换意见的重大消息。这在当时属于爆炸性的新闻，被称为"尼克松冲击"。10 月 25 日，在广大第三世界国家的强烈要求下，联合国大会通过决议，恢复中华人民共和国的合法席位，将台湾当局代表从联合国的一切机构中驱逐出去。翌年 2 月 21 日至 28 日，尼克松总统如约访华，并与中国方面发表了《中美联合公报》，即《上海公报》。这件事标志着美国对华政策将做出根本性地调整和改变。此后，世界各主要国家纷纷与台湾当局断交，这一时期的台湾当局"外交部"被人称为"断交部"。可以说，台湾当局在当时陷入

图 4.3　1972 年 2 月美国总统尼克松访华(新华社发)

了一场空前的生存危机。在这么困难的背景下，他又怎么可能再在钓鱼岛问题上，对美国和日本方面采取强硬措施？当时中国自身分裂的这种状况，使得我们在钓鱼岛主权争夺的第一个回合中，就失了先手，从而造成了一种长期的被动局面。

第二，与当时美国方面的操盘有关系。毫无疑问，就当时的情况而言，在中日之间的钓鱼岛主权争夺中，唯独美国方面有能力完全掌控局面。而面对这样的事情，美国当时是一种什么心态呢？首先，通过 1951 年和 1960 年前后两个不同版本的《日美安保条约》，日本已成为美国在东亚西太平洋地区的铁杆盟友和主要追随者。而且，在美国的不断扶植之下，战后日本经济取得飞速发展。到 1968 年，日本的经济规模已经超越了英国、法国和德国，成为仅次于美国的资本主义世界第二大经济体。美日之间的同盟关系已经非常密切和牢固。而钓鱼岛被划入琉球群岛，本身就是美国人干的。如果在"归还"冲绳的时候，美国不把钓鱼岛交给日本，必然会在很大程度上得罪日本，对美日关系来说非常不利。但是，如果钓鱼岛作为一个争议岛屿，完全交给日本，无疑又会得罪台湾和中国大陆。台湾也是美国盟友，且美国当时已经决定化解和中国大陆的矛盾，拉拢中国对抗苏联。所以，也不想太过得罪中国方面。最后，美国拿捏这件事的分寸就掌握在把钓鱼岛交给日本，让日本高兴，同时又巧妙地利用"旧金山对日和约"第三条的有关规定，声明只是把"施政权"交给日本，"主权"归谁，我不知道，你们自己定。这样，又给中国方面留下一个念想，保持对中国的关系。所以，最后出现的这个局面在很大程度上是美国方面妄图置身事外、明哲保身的结果。除此之外，美国这样处理这件事可能还有一种考虑，就是要在中日之间制造矛盾和对立，从中渔利。如果说当初钓鱼岛被划入琉球群岛更多是一种无意间造成的错误的话，那么这次恐怕就是有意为之了。从目前解密的资料来看，在 1971 年到 1972 年间，"归还"冲绳时如何处理钓鱼岛的问题是美国政府进行过多次专门研究的重大问题，最后的处理方式是一个经过反复研究的慎之又慎的决策。这里面包含的一个重要深意就是在放弃琉球的管辖权以后，让中日这两个东亚大国和强国之间进行不断地争议，以构筑和形成一种对美国掌控东亚地区形势最为有利的局面。可以说，这个长远的布局在以后的时间里确实发挥了它的设计者最初希望发挥的那种作用。

虽然当时形成的这种局面和态势对中国方面很不利，但从另外一个角度来看，这种结局可能也很"公平"，其结果就是当时双方实力对比的一种"客观"反映。由此，我们可以看到，这些争议问题处理的结果不仅仅取决于法理，还在很大程度上受到实力因素的影响。你有实力掌控局面，你就多得一些；你没有这种实力，你就靠边儿站，你再有理，也没你的份儿。

中日之间的主要争议

在钓鱼岛的主权争端出现后，当时的琉球政府于 1970 年 9 月 1 日发表了《关于尖阁列岛领土权的声明》（见附录 12）。之后，日本外务省根据这一声明的精神，又于 1972 年 3 月 8 日发表了

《关于尖阁列岛领有权的基本见解》(见附录13)。这两份文件对日本拥有钓鱼岛主权的法理和事实依据做了充分说明,构成直到现在日本政府还在坚持的基本立场。其中,《关于尖阁列岛领有权的基本见解》的主要内容是:

自1885年以来,日本政府通过冲绳县当局等途径多次对尖阁列岛进行实地调查,慎重确认尖阁列岛不仅为无人岛,而且没有受到清朝统治的痕迹。在此基础上,于1895年1月14日,在内阁会议("阁议")上决定在岛上建立标桩,以正式编入我国领土之内。

从那时以来,在历史上尖阁列岛便成为我国领土西南群岛的一部分,并且不包含在根据1895年5月生效的《马关条约》第二条由清朝割让给我国的台湾及澎湖列岛之内。因此,尖阁列岛并不包含在根据《旧金山和平条约》第二条我国所放弃的领土之内,而是包含在根据该条约第三条作为西南群岛的一部分被置于美国施政之下,并且根据于1971年6月17日签署的日本国与美利坚合众国关于琉球群岛及大东群岛的协定(简称为归还冲绳协定),将施政权归还给我国的地区之内。上述事实明确证明尖阁列岛作为我国领土的地位。

另外,尖阁列岛包含在根据《旧金山和平条约》第三条由美国施政的地区,中国对这一事实从未提出过任何异议,这明确表明当时中国并不视尖阁列岛为台湾的一部分。无论是中华人民共和国政府,还是台湾当局,都是到了1970年后半期,东海大陆架石油开发的动向浮出水面后,才首次提出尖阁列岛领有权问题。

综合这些文件，可以看出日本方面坚持自己对钓鱼岛主权的主要逻辑是：1884年古贺辰四郎发现钓鱼岛为无人岛，其后经过日本政府的专门调查确定此岛为无主地。1895年1月，日本政府就已经通过阁议，决定将这些无主地纳入冲绳县管辖。因此，这些岛不包括在中日之间1895年4月签订、5月生效的《马关条约》第二条第二款所规定割让的"台湾全岛及所有附属各岛屿"中，因此也就不包括在《开罗宣言》《波茨坦公告》规定的日本战后应该归还的领土和"旧金山对日和约"第二条规定日本应该放弃的领土范围内，而是包括在"旧金山对日和约"第三条规定的置于美国管理下的西南群岛范围内。西南群岛归还时钓鱼岛就应一并归还日本。

通过日本方面的这些表态，再分析中国大陆和台湾方面公开发表的主张，可以大致归纳一下，中日之间关于钓鱼岛主权归属的争议主要包括三个核心问题：第一，1895年日本把钓鱼岛划入版图属不属于无主先占；第二，钓鱼岛到底在不在《马关条约》割让和战后应还的领土范围之内；第三，战后美国把钓鱼岛划入琉球群岛范围进行管辖是不是合法有效的。

首先，关于第一个问题，1895年日本把钓鱼岛划入版图属不属于无主先占。不错，就像日本方面说的那样，1884年古贺辰四郎登岛的时候，钓鱼岛列岛确实都是无人岛，而且当时清政府也没在岛上树立主权标记。但是，这绝不代表这些岛屿就是"无主地"，"无人"不等于"无主"。中国方面可以举出大量的历史资料，表明中国人早在至少600年之前就已经发现和命名钓鱼岛了，并且在明清时期一度把这里作为国家的海防前哨。在1871

年中国出版的《重纂福建通志》中，就已明确将钓鱼岛划入台湾府的噶玛兰厅（今宜兰县）管辖了。而日本方面一直到1879年吞并琉球之后，才开始触及钓鱼岛。而且，在中日两国19世纪70、80年代关于琉球存亡的多次交涉中，双方都明定琉球有36岛，这里面并不包括钓鱼岛。因此，琉球王国存在的时候，钓鱼岛处在中琉海上边界的中国一侧，属于中国的领土这一点是没有疑问的，而且这也是当时日本方面承认的。所以，1895年之前的钓鱼岛确是无人岛，但绝不是无主地。日本方面最初对钓鱼岛的并入就是一种窃取，这是没有疑问的。这个最初的主权归属是中日之间主权争议中具有决定性意义的问题。只要明确了这一点，钓鱼岛的主权归属在法理上就不会有根本性的疑问了。从总体上看，如果中国方面认可日本领有琉球的话，那么钓鱼岛问题的实质就是日本越过了基于过去中琉边界确定的中日海上边界线，又向中国一侧前进了一步，侵占了一块中国领土——钓鱼岛列岛。

第二点，钓鱼岛到底在不在《马关条约》割让和战后应还的领土范围之内。如果在《马关条约》里面附上一张地图，或划出一定的经纬度线，明确"台湾全岛及所有附属各岛屿"的具体范围和区域，那么中日之间的问题就可以很容易地说清楚了。《马关条约》第二条规定中国须割让的领土共有三个部分：（1）辽东半岛南部；（2）台湾全岛及所有附属各岛屿；（3）澎湖列岛。在第二条后面的第三条中，专门说道：前款所载及黏附本约之地图所划疆界，俟本约批准互换之后，两国应各选派官员二名以上为公同划定疆界委员，就地踏勘确定划界。但条约原文后面，只黏附有一张辽东半岛的地图，并没有台湾及其附属岛屿的地图。第二条原文中，以经纬度线的形式对澎湖列岛的具体范围进行了明确界定，但对台湾及其附属岛屿的具体范围却没有做界定。钓鱼岛到底在不在《马关条约》割让的领土范围之内，是中日之间争论最为激烈的问题。但不管条约里面是如何规定的，可以肯定的是，在《马关条约》签订之前的很长时间，中国方面在习惯上一直是把钓鱼岛作为台湾的附属岛屿看待的。在1895年至1945年大约50年时间里，中国方面没有对钓鱼岛的主权提出过异议，主要原因就是中国认为钓鱼岛列岛作为台湾的附属岛屿已经通过1895年4月签订的《马关条约》割让给日本了。至于1895年1月日本对钓鱼岛列岛的并入，则是在一种非常秘密的情况下进行的，中国方面对此毫不知情。这种窃取行为只不过是当时日本政府的一种单方面行为而已，并不具有对中日双边的约束力。因此，在法律上是完全无效的。而且，在1943年12月盟国发表的《开罗宣言》中明确规定"日本过去从中国窃取的一切领土，例如东北、台湾、澎湖列岛等，必须归还中国"，说的是"从中国窃取的一切领土"，也就是说不论你原来用什么手段，是通过不平等条约割占还是秘密窃取，都应该归还中国。此后，1945年7月26日发表的《波茨坦公告》第八条规定"开罗宣言之条件必将实施"。战后，在1951年9月签署的"旧金山对日和约"、1952年4月签订了"中日和平条约"（即"日台条约"）中规定"日本放弃对台湾、澎湖列岛之一切权利、权利名义与请求权"，这种表述虽有不够严谨的地方，但其中的"台湾"一词不论从法理上还是事实上都是应该包括台湾本岛及其附属各岛屿的。1972年9月29日，中华人民共和国和日本发表《中日联合声明》（见附录14），其中的第三条明确规定：

"中华人民共和国重申：台湾是中华人民共和国领土不可分割的一部分。日本国政府充分理解和尊重中国政府的这一立场，并坚持遵循《波茨坦公告》第八条的立场。"虽然现在日本方面列举了大量证据，试图证明在 1895 年后钓鱼岛列岛始终作为冲绳县的一部分进行管辖，而不属于日据时代台湾地方的管辖范围，试图逃避将钓鱼岛作为台湾附属岛屿归还中国的问题，但其实这是没有用的。因为，不论根据《开罗宣言》《波茨坦公告》，还是《中日联合声明》的规定，作为过去从中国窃取领土的一部分，钓鱼岛是属于战后应该归还领土范围的。至于你非法占有以后划归哪里管理，那是你的事。只要我们能够论证清楚，日本当时的占有属于非法的侵占，那么在战后就应该归还。

第三点，战后美国把钓鱼岛划入琉球群岛范围进行管辖是不是合法有效的。"旧金山对日和约"第三条中只是规定了"北纬 29 度以南的西南群岛"归于美国的施政之下，并没有规定具体的范围。至于 1953 年 12 月 25 日，琉球群岛美国民政府第 27 号布告确定的琉球群岛地理界限范围，只不过是一个地方性政权对自己的管辖范围做出的规定，不可能具有国际法上的约束力。而且，不论是"旧金山对日和约"还是琉球群岛美国民政府第 27 号布告，中国政府统统都是不承认的。"旧金山对日和约"的签署不符合国际法，即使"旧金山和约"在其 40 多个缔约国之间有效，但根据国际习惯法和《维也纳条约法公约》，该"和约"也无权处分中国的领土权益。至于日本方面说当时"中国对这一事实从未提出过任何异议"，则是严重违背事实的谎言。作为中日之间政治关系主要基础的、目前有效的 1972 年《中日联合声明》

和 1978 年《中日和平友好条约》（见附录 15）都是在否认"旧金山对日和约"合法性的基础上签订的。在中国方面看来，战后美国政府依据"旧金山对日和约"和其后的琉球群岛美国民政府布告把钓鱼岛列岛划入琉球群岛的范围是完全非法的，这种第三国主导下的、非法的施政管理是不可能构成中日之间领土划分的依据的。

到目前，中日之间关于这三个问题的争议和举证还在进行，这就是所谓的"法理斗争"。虽然其中的许多细节，双方仍在激烈争执，但总体上看，从历史依据、从法理上说，钓鱼岛的主权属于中国是没有疑问的。因为在出现主权争议的 1895 年之前，中方可以举出大量的证据表明这个岛屿是属于中国版图的，这就决定了它的原始归属。而"二战"中各反法西斯盟国通过的《开罗宣言》和《波茨坦公告》的基本精神就是要恢复各被占领土的原始归属，实现"物还原主"，并以此作为构建战后新的国际关系的基础。不论钓鱼岛问题的表象多么纷纭复杂，上述两个国际宣言中体现的基本精神和国际正义终究是要实现的。

在钓鱼岛问题的斗争中，充分的法理依据是我方维护领土主权的重要武器。一定要高度重视对钓鱼岛历史和法理问题的宣传工作，让这一问题的形成背景和来龙去脉、我方的主权依据等在国内外广为人知，积极塑造有利的舆论环境，在国际上为我方开展斗争争取更多的理解和支持。现在，日本方面正在国际上强化"钓鱼岛确属日本领土"的宣传，力图在国际外交舞台为自己赢得有利地位。中国方面也要从国家层面有针对性地组织开展有关研究工作，为应对这场长期斗争提供更多、更充实的法理依据。海峡两岸可以探讨共同开展钓鱼岛主权归属的法理问题研究、论证，充分利用两岸的资源和力量，实现捍卫钓鱼岛主权的共同目标。

重要共识

在 2012 年的钓鱼岛危机过程中，中国方面一再敦促日本政府，要"立即停止一切损害中国领土主权的行为，不折不扣地回到双方达成的共识和谅解上来，回到谈判解决争议的轨道上来"。那么，这个在中日钓鱼岛争端中反复出现的"共识"究竟指的是什么呢？这还必须从 20 世纪 70 年代中日建交和缔结和平条约说起。

1971 年 7 月 15 日，美国总统尼克松发表了基辛格已经访华和总统本人准备翌年访华的广播电视讲话，不仅对台湾，而且对日本也构成了巨大冲击。按当时担任自民党总务会长的中曾根康弘的话来说，犹如"晴天霹雳"一般。[①] 1972 年 2 月尼克松总统的访华，揭开了中美关系的新篇章，也迫使一直紧紧追随美国的日本政府开始认真考虑如何恢复对华关系的问题。1972 年 7 月 7 日，田中角荣就任日本首相。在日本各界对华友好人士的积极推动和中日双方的共同努力下，1972 年 9 月 25 日田中角荣首相率团抵达北京，开始与中国政府就实现日中邦交正常化问题进行磋

①　见米庆余：《日本近现代外交史》，北京：世界知识出版社，2010 年，第 364 页。

商。9月29日上午，两国领导人在人民大会堂签署了《中日联合声明》，宣布中华人民共和国与日本国之间的不正常状态结束，两国于当天建立外交关系。其后，又经过断断续续长达6年的谈判，中日双方最终于1978年8月12日签署了《中日和平友好条约》。至此，新中国与日本之间建交、缔约工作正式结束，一种以合作、和平、互信和互助为特点的中日新型国家关系初步建立起来，中日关系也随着中美关系一道进入一个前所未有的蜜月期。而中日之间关于钓鱼岛问题的默契、共识就是在双方建交和缔约谈判的过程中形成的。

1972年7月25日，为了给田中角荣访华打前站，日本公明党委员长竹入义胜访华。当时，钓鱼岛的主权争议已经出来了。7月28日，周恩来总理与竹入义胜举行第二次会谈。在会谈中，竹入义胜专门就钓鱼岛问题探听中方立场。周恩来明确表示，"钓鱼岛问题没有必要涉及，和恢复邦交正常化这个大问题相比，它就算不了什么问题嘛。现在提出来讨论，恐怕要耽误大事。现在还是让我们来谈谈日美关系。"[1]9月25日，田中角荣首相抵达北京，就两国关系正常化问题与中国领导人会谈。在9月27日双方举行的第三次会谈将要结束的时候，田中角荣首相向周恩来总理提出了钓鱼岛问题，谈话内容如下：[2]

---

[1] 陈振祯：《钓鱼岛问题研究》（硕士论文），福州：福建师范大学，2006年，第32页。

[2] 根据时任中国外交部顾问的张香山1998年在《日本学刊》上发表的《中日复交谈判回顾》。转引自《日专家：中日间存在搁置钓鱼岛争议共识证据确凿》，中国新闻网，2012年9月20日。

田中：我还想说一句话，我对贵方的宽大态度很感谢。借这个机会我想问一下贵方对"尖阁列岛"的态度如何？

周总理：这个问题这次不想谈，现在谈没有好处。

田中：既然我到了北京，不提一下，回去会遇到一些困难。现在我提了一下，就可以向他们交待了。

周总理：对！就因为那里海底发现了石油，台湾拿它大做文章，现在美国也要作这个文章，把这个问题搞得很大。

田中：好！不需要再谈了，以后再说。

周总理：以后再说。这次我们把能解决的基本问题，比如两国关系正常化问题先解决。这是最迫切的问题。有些问题要等到时间转移后来谈。

田中：一旦邦交正常化，我相信其他问题是能够解决的。

……

在 2012 年的钓鱼岛危机中，日本方面为了否认中日双方早期达成的重要共识，也公布了《田中角荣首相与周恩来总理会谈》的官方记录，内容只有短短几行：

田中：您对"尖阁列岛"怎么看？不少人向我提到这个问题。

周总理：这次不想谈钓鱼岛问题。现在谈这个问题不好。因为发现了石油，这就成了问题。如果没有发现石油，台湾和美国都不会把它当回事。

关于钓鱼岛的谈话记录到此为止，后边的谈话内容便没有了，特别是田中首相对周恩来谈话的表态没有了。日本政府据此

图 4.4　1972 年 9 月田中角荣首相与周恩来总理会谈（新华社发）

认为，在这次会谈中日本方面首先提出钓鱼岛问题，中国方面却说不想谈，双方根本就没有达成过什么"搁置争议"的共识，这至多只能算是中国的一厢情愿。这确实有些过于自欺欺人了。

　　1974 年 10 月 3 日，邓小平副总理在与来访的日本代表团谈到中日缔结和平条约问题时说："我希望迟早排除一切障碍，签订中日和平友好条约……有些问题现在谈不拢，比如钓鱼岛主权问题，一时解决不了，可以摆下去嘛，否则，这一问题提出了，恐怕就是十年也解决不了，和约还是谈不拢。因此这个问题还是暂时搁起来为好。"[①]明确提出了将钓鱼岛问题"搁置起来"的思想。1978 年 7 月，中日两国重开缔结和平友好条约的谈判以后，日本方面又重提钓鱼岛主权问题，当时邓小平对日方表示："中日之间不是没有问题，但是如钓鱼岛问题、大陆架问题，这样的

---

　　①　陈振祯：《钓鱼岛问题研究》（硕士论文），福州：福建师范大学，2006 年，第 33 页。

问题现在还是不要牵涉进去，可以先挂起，以后从容地讨论，慢慢会找到一个双方都能接受的办法。我们这一代找不到办法，下一代、再下一代总会找到办法的。我们之间共同点很多，可以求大同存小异嘛。"①可见，虽然在当时的缔约谈判中，钓鱼岛主权问题相比于台湾问题、共同反对霸权主义等问题处于次要地位，但也是一个重要且敏感的问题，中国方面对钓鱼岛问题的立场是日本方面非常关心的。"搁置起来"是中国方面针对日方的关注提出来的处理方法，而且这种处理方法确实是得到了日方认可的，最终双方就这个棘手问题形成了共识，就是暂时把它搁置起来，绕过去，留待以后解决。

如果按照现在日本政府的说法，当时双方根本没有形成共识或共识根本就不存在的话，那就不会有双方的正式缔约。根据当时参加谈判的日方全权代表、园田直外相的夫人后来回忆：就在签约的前一天，又出现了节外生枝的事，"据说日本首相提出首先要谈清尖阁列岛问题，并发了电报。我当时感到这下完了，看来我丈夫回不来了"。因为当时缔约谈判面临的压力和风险很大，园田直外相在来华之前对夫人说，如果签约不成，就暂时不回日本，两人分别时竟喝了永别酒。接到福田赳夫首相的电报后，园田直外相马上推迟了回国日程，与邓小平谈了有关情况。当时，邓小平表示，中方的立场是中日签约不应受钓鱼岛领土争议的影响，双方可搁置争议，将来考虑共同开发。② 随后，双方于8月

---

① 陈振祯：《钓鱼岛问题研究》（硕士论文），福州：福建师范大学，2006年，第33页。

② 见米庆余：《日本近现代外交史》，北京：世界知识出版社，2010年，第398、399页。

12 日最终缔结了《中日和平友好条约》。

1978 年 10 月，邓小平副总理应邀访日，出席《中日和平友好条约》的换约仪式。在东京举行的记者会上，针对日本记者有关钓鱼岛问题的提问，邓小平说："我们的名字叫钓鱼岛，这个名字就有叫法不同，这点双方确实有不同的看法。我们实现中日邦交正常化的时候，我们双方约定不涉及这样的问题。这次谈《中日和平友好条约》的时候，我们双方也约定不涉及……我们认为我们两国政府谈这些问题避开是比较明智的。这样的问题摆一下不要紧，摆十年也没有关系。我们这代人智慧不够，这个问题谈不拢，我们的下一代人总比我们聪明一些，总会找到一个大家都能够接受的方式来解决这个问题。"①邓小平在东京的这个公开表

图 4.5　1978 年 10 月时任中国副总理邓小平访日（新华社发）

---

① 根据当时邓小平谈话录音整理。

态，也可以说是对当时中日两国领导人就钓鱼岛问题搁置争议共识的最好说明。

"搁置争议"共识的主要思想就是中日是两个大国，钓鱼岛问题只是中日之间的一个小问题，千万不能让这个小问题影响中日之间在其他重大问题上的合作，不能障碍和影响两国关系的全面发展，这个问题双方暂时解决不了，就先放起来，把它绕开，留待以后再解决。基于这样一个共识，双方在处理钓鱼岛问题时需要掌握的政策尺度就是：第一，双方都可以坚持对钓鱼岛的主权要求，但在事实上应该承认这个地方的主权是存在争议的，和没有争议的地方是不一样的；第二，双方都不能采取措施把这个小问题扩大化，避免影响中日关系的大局。可以说，这个重要共识充分体现了当时周恩来、邓小平、田中角荣、福田赳夫等中日两国老一代领导人在处理中日关系上既胸怀全局、立足长远又面对现实的政治智慧和远见，使中日关系的发展成功地绕过了一个"雷区"，也为中日之间在以后长期的国家交往中处理和管控好钓鱼岛问题提供了一个较为稳妥的办法。

基于这种共识，中日建交和缔约以后，两国之间在钓鱼岛问题上形成了一种"默契"：一方面，两国都坚持对钓鱼岛的主权要求；另一方面，双方又共同对这一问题进行管控，不使之扩大化、严重化，从而保证了两国关系在一个较长时期内的平稳健康发展。两国建交 40 余年来，双方贸易额增长 300 多倍，人员往来增长 500 多倍，中国成为日本最大的贸易伙伴，两国利益交融前所未有的紧密，两国人民都从双边关系发展中得到了实实在在的好处。期间，中日之间虽然在钓鱼岛问题上也曾

屡屡发生矛盾，但一直能够把问题控制在不对两国关系产生重
大影响的范围内。那么，为什么到 2012 年中日之间却会在钓鱼
岛问题上出现如此严重的矛盾和对立呢？这场危机发生的主要
背景是什么呢？

危机背景

2012 年钓鱼岛危机的直接起因是日本的地方官员东京都知事
石原慎太郎宣布要"购买"钓鱼岛。其后，日本政府以东京都地方
购岛以后可能会引发日中之间的紧张局势为由，宣布由日本中央
政府来"购买"钓鱼岛，即对钓鱼岛实施"国有化"。9 月 11 日，
日本政府与钓鱼岛的"所有者"正式签订合同，以 20.5 亿日元(约
合 1.66 亿元人民币)的价格"购买"钓鱼岛列岛中的钓鱼岛、北小
岛和南小岛三个岛。也就是说，日方的这次所谓"购岛"，并不是
"购买"全部的钓鱼岛列岛，而是"购买"其中的主要部分，不包
括黄尾屿、赤尾屿等。

既然是"购岛"，"买家"是政府，那么，"卖家"又是谁呢？
根据日本方面提供的说法，情况是这样的：在日本最初完成对钓
鱼岛的吞并以后，1896 年 8 月，日本内务省以免除使用费，期限
三十年为条件，核准将钓鱼岛(日方称鱼钓岛)和黄尾屿(日方称
久场岛)"租借"给古贺辰四郎。其后，古贺辰四郎在钓鱼岛和黄
尾屿上开展了一些生产经营事业。到 1918 年的时候，古贺辰四
郎在岛上的事业由其次子古贺善次继承。1926 年，无偿租借期满

后，古贺善次开始向日本政府缴纳租金。1932 年，古贺善次从日本政府手中"购得"钓鱼岛、黄尾屿、南小岛、北小岛四岛。这样，除赤尾屿（日本称大正岛）以外的钓鱼岛列岛成为古贺善次的私有地。1972 年，埼玉县的栗原家族向古贺家族"买下"南小岛、北小岛。1978 年，古贺善次去世，其妻又将钓鱼岛"卖给"栗原家族。1988

图 4.6　栗原国起

年，古贺家族将黄尾屿"赠与"栗原家族。所以，在这次"购岛"之前，钓鱼岛列岛的"所有权人"是栗原国起。

首先应该看到，2012 年发生的"购岛"事件并不是一起偶然的突发事件。这件事的发生是有一个大的背景的。这个大的背景就是近年来日本政府在钓鱼岛政策上出现的变化。

在中日建交和缔约后的很长时间里，特别是 20 世纪 80、90 年代，日本依靠与美国特殊密切的政治军事同盟关系和自身相对强大的经济实力这两大优势，在与中国和其他亚洲邻国的交往中具有一种较强的优势心理，也就是优越感。在很多日本人看来，包括中国在内的邻国都向我借钱、从我这里引进技术和管理经验，毫无疑问我就是这一地区的强者和先进分子，你们都是我的穷邻居，我也可以帮助你们一下。这种优势心理使日本政府在面对和处理钓鱼岛问题时处于一种自信和从容之中。在钓鱼岛发生问题的时候，日本政府尚能够基于中日之间达成的共识和默契，采取一种政治解决方法，也就是从维护中日大局的角度出发，把中日之间有关钓鱼岛发生的问题当成中日之间的政治事件看待，不适用国内法，不使之扩大化。虽然日本方面也一再坚持对钓鱼岛的主权，但是在事实上还是把钓鱼岛作为一个争议地区，区别于国内的其他地区。比如，1996 年 9 月，日本外相池田行彦在纽约与中国外长钱其琛会谈时，就日本国内右翼基于国内法要求政府认可在钓鱼岛设置灯塔等设施一事，明确指出：不能因钓鱼岛问题"损害日中关系整体是日中两国的共同认识。日本政府既不参与也不支援民间团体的活动"。这种表态体现了日本政府以两国关系大局为重的政策观。

但是，从 20 世纪 90 年代后半叶开始，随着中国经济的持续快速增长和日本经济的长期低迷，中日之间在经济实力、综合国力上的差距开始出现变化。特别是进入 21 世纪后，两国国力差距不断缩小，并逐步接近。根据资料，日本的国民生产总值在 1970 年的时候，也就是大概中日建交的时候，是中国的 7.6 倍，到 2000 年还有 4.7 倍，到 2009 年双方已经大体相当，在 2010 年的时候中国超越日本。应该说，这种变化是巨大的，而且这种变化几乎就是一种不可逆的变化。正是由于中国和其他周边国家的快速发展，使得日本在过去很长时间建立在自身经济实力和先进技术基础上的优势心理开始丧失，并感受到一种来自中国的、空前的威胁。这就使得日本政府在面对和处理钓鱼岛问题时的心态发生了明显变化，不仅没有了过去那种从容和自信，而且产生了一种对自己能否保有钓鱼岛主权的紧张和焦虑。随之，在处理钓鱼岛问题的政策上也出现了一些变化，主要是：(1)否认钓鱼岛的主权存在争议，否认两国之间曾经达成的默契和共识，坚持自身主权要求的绝对化；(2)在钓鱼岛相关问题的处理上，摒弃过去政治解决的方法，坚持适用日本国内法，采用司法解决的方法来处理；(3)在中日发生纷争的时候，积极引入外部力量，利用美日同盟来制约和抗衡中国。日本政府的这种政策转变从本世纪初自民党小泉纯一郎执政时期就已经开始了。2010年民主党菅直人政府对中日撞船事件的处理则标志着这种彻底颠覆过去处理模式的新政策基本形成。

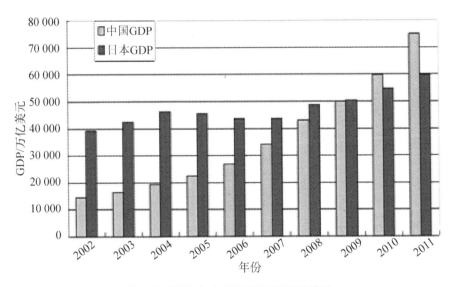

图 4.7　近 10 年来中日 GDP 的变化情况

2010 年 9 月 7 日，日本海上保安厅的巡视船在钓鱼岛海域追逐一艘中国渔船时，双方发生碰撞。9 月 8 日，日本海上保安厅以妨碍执行公务的名义将中国船长逮捕，并将其送至冲绳县那霸地方检察厅石垣支部审讯，把撞船事件纳入司法程序处理。从这件事一开始日本政府官员就表示："东海不存在领土问题"，否认两国的主权争议。更为严重的是，时任日本外相前原诚司在日本众议院安全保障委员会的会议上提出：1978 年邓小平副总理提出的钓鱼岛主权搁置论，"日本方面并未与之达成协议"。9 月 26 日，菅直人政府在内阁决议的答辩书中对前原诚司的讲话进行了确认，主张并不存在邓小平所说的中日两国之间曾有互不触及钓鱼岛归属的"约定"，否定两国存在共识的说法。① 同时，日本政

图 4.8　2010 年 9 月撞船事件中日方非法"逮捕"中方船长

---

① 翟新：《日本政府钓鱼岛事件对策的演变及其原因》，载《社会科学》，2012 年，第 4 期。

府积极采取行动，争取美国方面对自己的支持。9月23日、10月27日，前原诚司外相两次会晤美国国务卿希拉里，成功促使美方表明"尖阁列岛在日美安保条约第五条适用范围之中"的立场。虽然这一事件最终以日方以保留处分的方式释放中国船长而结束，但日本政府在处理方式上出现的这种变化却预示着中日之间在钓鱼岛问题上的平静期即将结束，一场对抗和角力的风暴即将来临。可以说，日本政府的上述政策调整就是2012年钓鱼岛危机发生的最主要和最直接的背景。

图4.9　2010年9月、10月日本外相两晤美国国务卿希拉里

　　了解了这样一个背景，就可以回答大家经常问起的一个问题，即日本不仅与中国有领土纠纷，它与韩国、俄罗斯也有领土纠纷，甚至与俄罗斯的领土纠纷比中国还要大，可为什么2012年在钓鱼岛问题上与中国发生了严重对立和危机，而没有与韩国、俄罗斯发生危机呢？原因就是日本在与韩国的竹岛（韩方称"独岛"）和北方四岛（俄方称"南千岛群岛"）领土纠纷中，争议领土都控制在对方手里，而且日韩、日俄关系的基本面没有发生变化，日本的政策也没有发生改变，双方过去长期在领土争端中形成的冷平衡没有被打破，均势大致得以维持，矛盾就没有激化。而中日之间的钓鱼岛问题不一样，从20世纪70年代开始，由于种种原因，日本在钓鱼岛周边的力量布局上处于一定的优势地位。随着中日之间实力对比的逆转，中日关系的基本面正在改变，日本担心失去既得的成果，便否认中日两国在钓鱼岛问题上长期形成的默契，导致双方的矛盾开始发酵、升级并出现激化。

"购岛"缘由

日本政府的"购岛"和"国有化"行动是引发钓鱼岛危机的直接导火索，而这些行动只不过是日本政府执行钓鱼岛新政策的一种延续和升级而已。虽然日本政府口口声声说"购岛"是因为怕东京都知事石原慎太郎得到钓鱼岛后会在上面胡作非为，制造紧张局势，由中央政府把这些岛屿控制起来更稳妥，但这明显只不过是一种说辞和借口而已。实质上，日本政府之所以在此时要坚持"购岛"，无非是要达到两个目的。

一是强化"钓鱼岛是日本领土"的主权概念。在国家"购岛"之前，钓鱼岛列岛的大部分岛屿属于"私有地"，日本人在钓鱼岛上的一些行为带有一定的民间行为性质。而国家"购岛"之后，日本方面对钓鱼岛采取的管理、建设等措施，都将属于一种强烈的国家主权行为。通过"购岛"，就为日方以后实现更大程度上的排他性的主权化打下基础。而且，"购岛"行为本身就是一种国家主权行为。通过"购岛"过程中的买卖和交易程序，就等于又创造了一个所谓"日本实际拥有并切实行使钓鱼岛主权"的重大法理案例。通过"购岛"，就可以在法理依据和国际舆论中进一步强化"钓鱼岛是日本领土"的主权概念，从而为日本方面最终霸占钓鱼岛创造有利条件。

二是迎合国内和国际政治生态的需要。近年来，随着中国的不断发展壮大，在一些日本政客的刻意宣传和鼓噪下，日本民众对日益强大的中国产生了一种莫名的恐慌。再加上两国在历史问题、领土问题上争端不断，日本民众对中国的好感不断下降，日本政坛上也出现了一股反华右倾化的思潮。据统计，在 20 世纪 70、80 年代的时候，对中国持亲近感的日本国民约占七成。在 2010 年撞船事件后，这一比例已降至不足三成，同时把中国看作威胁的比例达到大约八成。日本民主党上台以后并没有取得什么突出的政绩，党内又派系林立，难以协调。在日本现行的民主制度之下，这样一个弱势政权在做出重大外交决策的时候，很容易为了保证选举胜利而被民意裹挟。这次民主党政府做出"购岛"决策的一个重要原因，就是要适应日本民间和政坛对华强硬的呼声，保证自己的政权和党派在激烈的国内政治斗争中处于主动地位。在"购岛"之后(9 月 15 日至 17 日)的日本全国舆论调查中，45％的日本国民希望野田佳彦连任民主党代表，这一支持率远高于其他候选人。这表明民主党政府在"购岛"事件的处理上还是得到了国民很大的认可。在很多民主党政治家看来，通过"购岛"即便是不能最终赢得下半年的选举，也足可以让他们青史留名，捞取一笔重要的政治资本。

除了国内的政治生态，日本政府坚持做出"购岛"决策，还在一定程度上受到了国际大环境的影响。2009 年，奥巴马政府提出了"重返亚太"的口号。2012 年 1 月出台的美国新军事战略宣称，美国战略重心将实现向亚洲的"转移"。2012 年 6 月 2 日，美国国防部长帕内塔在新加坡举行的第 11 届香格里拉对话会上，提出了"亚太再平衡"战略，宣布美国将在 2020 年前把 60% 的海军战舰部署到太平洋地区。很明显，美国正在有计划有步骤地推进针对中国的战略遏制。日本政府在这个时机坚持进行"购岛"，制

图 4.10　2012 年 6 月 2 日美国国防部长帕内塔在第 11 届
香格里拉对话会上发表演讲，提出了"亚太再平衡"战略 (新华社发，邓智炜摄)

造与中国的矛盾，本身也是想在战略上与美国的战略东移形成一种呼应，显示自己作为盟国支持配合美国行动的政治立场。同时，还可以借助中国与部分东盟国家在南海问题上发生冲突的时机，实现在东亚地区事务中进一步分化、孤立中国的目的。

可以看出，日本政府做出的"购岛"决策既有维护自身国家利益，出于"公心"的考虑，也有维护自己党派和政治团体利益，出于"私心"的考虑。但是，让日本政府没想到的是，他的这次"购岛"行动遭到了中国方面强有力的反制：9月10日，就在日本政府"购岛"的当天，中国外交部发表声明，重申"钓鱼岛及其附属岛屿自古以来就是中国的神圣领土"，"日本政府所谓'购岛'完全是非法的、无效的"；同日，中国政府公布了钓鱼岛及其附属岛屿的领海基线；9月13日，中国常驻联合国代表李保东向联合国秘书长潘基文正式交存钓鱼岛及其附属岛屿领海基线声明及相关地图，完成了公布钓鱼岛及其附属岛屿与领海基线的法律手续；9月14日，由6艘海监船组成的中国巡航编队抵达钓鱼岛附近海域，进行维权执法，最近者抵达距岛岸仅1.55海里处，其后，中方投入的执法船数量不断增加；9月18日，由中国国家测绘地理信息局编制完成的《中华人民共和国钓鱼岛及其附属岛屿》专题地图出版发行；9月25日，中国国务院新闻办公室发表《钓鱼岛是中国的固有领土》白皮书……

"购岛"后发生的事表明，日本政府最初的这个决策确实出现了严重的误判。一开始它认为中国政府正在换届，根本无暇顾及这件事，可能还会像以前那样，通过外交渠道表示一下抗议就行了，没想到中国方面的态度立场如此强硬，出手如此坚决。当中国海上执法船强行进入钓鱼岛海域进行巡航后，日本方面也无可奈何。在中国方面的有力反制之下，日本政府不仅没有实现单方面强化主权的想法，反而为中国方面改变长期以来钓鱼岛主权屡屡被日方侵犯的局面提供了一个机会，使得中日关于钓鱼岛的主权争夺进入了一个新阶段。

狭隘与短视

根据解密的文件，1972年，时任美国总统国家安全事务助理基辛格主持下的国家安全会议在对中日之间的钓鱼岛问题研究后指出："关于尖阁列岛，最聪明的做法是不使中日民众对此引起注意。"

实际上，直到现在，关于钓鱼岛的主权争议也是不具备发展成为一个可能引发中日两国冲突甚至战争这样严重问题的条件的。如果仅仅从两个国家最现实、最重大的实际利益来讲，钓鱼岛危机并没有发生的必然性。因为，钓鱼岛列岛虽然确实在海洋资源、经济和军事方面有一定的价值，但无论如何它都只不过是一个加在一

图4.11　美国外交家和战略家基辛格(1923—)

起面积不足 6 平方千米的小岛，对中日这样两个世界顶尖级的大国来说，都尚且构不成影响生死存亡的重大作用。钓鱼岛问题之所以发展到现在这一步，其根源还在于日本一些政治家在面对和处理这一问题时所表现出的狭隘和短视。他们只看到了一个眼前利益，并且让这个眼前利益在东亚地区"一山不容二虎"的传统霸权思维下不断地被人为放大，最终使一个局部问题扩散成几乎可以颠覆中日关系几十年发展成果的重大危机。

2012 年钓鱼岛危机发生以后，一位在华工作的日本记者在接受媒体采访时说："这需要亚洲出现几位政治领袖，他们胸怀的是整个亚洲的利益，而不仅仅是民族主义情绪、短期收益，或者在本国的选举成功。如果亚洲国家能够团结，搁置争议，那么21世纪将真正成为一个亚洲世纪。而一旦发生战事，亚洲将无法做到像欧洲那样，重新整合。如果敌意继续存在，各国就会设法持续提高兵力、制定各种作战计划，那将会非常危险，也不会有成果。"①日本的前首相中曾根康弘过去曾经说过："没有战略的国家是要灭亡的。"钓鱼岛危机发生的一个更深层次根源就是日本国家目标和国家战略的缺失。在战后最初的 45 年，日本成功利用有利的国内外环境，通过自身的奋发努力，实现了经济的高速发展，创造了明治维新以后的又一个奇迹，世界为之瞩目。但是，进入 20 世纪 90 年代以后，随着自身经济泡沫的破裂，日本的发展陷入了持续低迷的时期。虽然期间进行了号称继明治维新和战

---

① 见《日驻华记者：很多日本人希望中国变得更丧失理性》，新浪网，http：//news. sina. com. cn/w/2012－09－20/103225215324. shtml。

后改革之后的第三次制度改革，但长期积累的内在矛盾并没有得到根本性地解决，新的矛盾还在不断产生。如何破解这种"后发优势"耗尽后的"赶超后"困境，似乎对日本这样一个一向以善于学习先进、模仿强者和踏实苦干著称的民族来说是件非常困难的事。近年来的历届日本政府都不能为国家确立一个明确的前进目标，并提出一套处理内外关系的清晰战略和办法来。这也是为什么日本政府在2006年至2012年的短短6年时间里，居然先后换了6位首相的主要原因。由于缺乏对国家的目标和发展战略深远宏大的设计和精心的运筹思考，日本政府的许多政治决策不是更好地服务于国家的长远利益、根本利益，而是更多地被政治家关注的眼前利益所绑架，并显得格外错乱，缺乏持续性和稳健性。也只有在这样的环境和条件下，钓鱼岛问题这样一个本来非关紧要的局部问题才有可能被病态地发展成一个影响全局的重大问题。日本国内政治的这种充满混乱和不确定的状态对中日关系来说是一个非常危险的因素，将来随时有可能再次把两国关系引向一个危险的境地。

新的分水岭

有人把日本政府的"购岛"事件称为中日关系的"9·11"。这一事件虽然还不能说意味着中日关系的完全破裂，但是它确实是中日关系特别是中日钓鱼岛主权争端中的一个重要分水岭。仔细观察一下就会发现，2012年的钓鱼岛危机出现了几个区别于以前的重大变化。

一是出现了斗争性质的变化。钓鱼岛问题出现的最初诱因主要是经济利益，争端背后掩藏的是中日两国关于东海海洋资源的开发、分配等经济利益之争。而钓鱼岛危机发生的时候，这种情况已完全不同了。虽然危机爆发的背后仍然还有两国争夺东海海洋资源的因素，但这已经不是主要的了。钓鱼岛问题此时已被人为地赋予了更多的政治意义，中日两国围绕钓鱼岛主权展开的争夺已远远超出海洋经济利益之争的范畴，发展成为两个国家和民族在政治、心理上的较量和抗衡。这种性质的改变将为危机的管控和争端的后续处理带来极大的困难。

二是出现了斗争方式的变化。过去中日之间关于钓鱼岛发生的纠纷和问题大体上通过外交和法律途径进行解决，双方在斗争方式上、手段上都比较克制和谨慎。但2012年的危机中，出现了双方海上执法力量的紧张对峙，并且动用国家的军事力量参与其中，斗争方式、斗争手段的危险性、暴力性急剧上升，危机的局面随时可能因一个小的闪失而被引爆。这显示了双方矛盾的激化和尖锐化。

三是出现了斗争主体的变化。在钓鱼岛问题出来以后，除了中日两国的外交交涉以外，以台湾同胞和香港同胞为主的民间人士，一直是"保钓"的重要力量，台湾当局也不时参与其中。但是，这次钓鱼岛危机中情况发生了根本性的改变，出面以强力行动维护钓鱼岛主权的是中国政府及其国家力量，民间力量基本退出。而且，钓鱼岛问题本身是一个与中国台湾密切相关的问题，在中日之间的交锋中，中国政府也反复重申，钓鱼岛是台湾的附属岛屿，是中国领土不可分割的一部分。但在危机的整个过程中，由于顾及自身利益和立场，台湾方面既没有与大陆协调一致，采取联合"保钓"行动，也没有采取有力的单方面行动，以至于其在钓鱼岛主权争端中发出的声音越来越弱。以后长时期内，这种以中国政府及其国家力量为主的"保钓"力量新格局无疑将会一直延续下去。

五、未来发展

关于钓鱼岛问题的下一步走向，虽然还存在许多不确定的因素，但由于这一问题事关几个大国的切身利益，在相互斗争博弈的过程中，各方出招都会比较谨慎，局面不会轻易失控。对于事态的后续发展，根据目前的形势和各方利益，我们可以做出一些大致的推测和判断。

无解的问题

钓鱼岛问题的解决无非就两种方式、三种结果：两种方式——和平方式、战争方式；三种结果——分割、独占或共享。而在现阶段，无论使用和平方式还是战争方式，都不可能使这一争端得到根本解决。

首先，现阶段钓鱼岛问题不具备彻底解决的条件。近代以来，中国和日本作为东亚地区两个主要的大国和强国，大部分时间都处在竞争状态，中间虽有过合作与缓和，两国之间的经济联系现在也非常密切，但长期以来形成的相互竞争心态和历史恩怨已在两国人民心中深深扎根，进而产生了一种近乎根深蒂固的相互不信任心理。而且，在美国既定的全球战略布局下，日本作为美国最重要的盟国之一，坚持配合美国对中国进行防范和遏制的政策在今后一个相当长的时期内是不会改变的。这些因素就决定了未来一个时期中日两国在政治、军事等方面存在的结构性矛盾不但不会减弱，反而还可能进一步上升。这种矛盾又推动了两国民众中相互不信任心理的发展，并从根本上限制了两国对共同利益的追求，使得两国政府在钓鱼岛主权博弈中的回旋余地变得非常有限，而2012年钓鱼岛危机的发生无疑又进一步加剧了这种趋势。今后，两国政府在钓鱼岛主权问题上，从顺从国内民意、维护自身政权稳定的角度出发，都将会变得格外谨慎，在政策上的选择余地和相互妥协的空间进一步缩小，对方独占或双方分割、共享都在一定程度上意味着自身主权的全部或部分丧失，必然为另外一方或双方所不能接受。因此，只要当前中日、中美、美日关系的基本面不发生变化，只要现今这种基本的战略格局依然存在，中日之间的钓鱼岛问题就很难具备通过和平方式解决的时机和条件。

1969年，中苏两国因为界河乌苏里江畔的一个面积只有0.74平方千米的小岛——珍宝岛的归属，互不相让，甚至大打出手。但是，到2005年的时候，中俄两国通过和平协商，成功解决了位于黑龙江抚远水道上的黑瞎子岛的主权问题。而这个岛的面积是350平方千米，相当于珍宝岛面积的400多倍。为什么中苏这两个世界上领土面积最大的国家，当年因为0.74平方千米的小岛会大打出手，而30多年以后中俄两国却能通过沟通与协商和平解决350平方千米岛屿的归属问题呢？主要原因就是国际形势、国家关系的改变。珍宝岛事件的时候正是中苏两党、两国关系最坏的时候，双方互相敌视，严重对立。在这样的大气候下，领土纠纷不但不容易解决，反而容易成为引发双方冲突的导火索。苏联解体后，中俄关系发生了根本性的变化，两国由过去的长期敌对转变为准盟友关系，相互之间有了广泛的共同利益，这就为通过协商，本着互谅互让的精神，和平解决争端创造了环境和条件。中日之间钓鱼岛问题现阶段无法解决的根本原因就在于不具备这种良好的环境氛围，不具备时机和条件。

其次，现阶段通过战争和武力的方式，最多只能解决一个实际控制权的问题，而不能最终解决主权归属的问题。中日双方或者其中的一方如果想通过战争方式来实现对钓鱼岛的独占，并迫使对方放弃主权要求，那就必须像中日甲午战争那样，确保己方在战争中全面压倒对手，获得一次决定性胜利，从而让对方从根本上丧失继续坚持主权争议的信心。但是，至少现阶段这种情况是不可能出现的。中国能够完全压倒日本吗？在《日美安保条约》的框架下，美国作为日本的盟国绝对不会容许中国在军事上完全击垮日本。而日本军事力量的质量虽精，但其兵力结构总体上还是防御性的，尚不具备向中国发动全面进攻的能力。双方的这种现实力量对比就决定了现阶段哪一方也很难通过军事手段，达成让对方在主权争议中完全屈服的目的，通过战争的方式是不可能从根本上解决双方争端的，而最多只能暂时解决一个争议地区实际控制权的问题。就像英阿马岛战争一样，阿根廷虽然战败，但是它直到今天仍然没有放弃对马岛的主权要求，英阿之间的马岛主权争端并没有因英国在战争中获胜而结束。而且，中国奉行和平发展的战略，一贯主张通过对话来解决分歧。

所以，在现阶段，对于中日之间的钓鱼岛问题，和平解决的条件不具备，战争之路也走不通，这个问题恐怕在今后一个很长的时间之内都将是一个无解的问题，争端的长期化是一个必然的趋势。

可控的形势

由于矛盾的复杂性、尖锐性及政策余地的有限性，中日双方在钓鱼岛问题上的对峙、相持状态还会持续下去，但危机后续出现升级的可能性不大，总体形势仍具有可控性。这其中的原因既有中日双方基于各自国内政治、经济、军事等因素的考量，又受到外部因素相当的制约和影响。这个外部因素，主要指的就是美国的因素。毫无疑问，作为中日钓鱼岛问题产生和发展的最重要外部条件，美国在这一问题上的立场和态度将对问题的未来走向产生非常重要的影响。从最现实的国家利益考虑，美国政府是不会允许中日在钓鱼岛问题上的争端无限升级乃至出现失控的。在现今的战略格局下，钓鱼岛问题可能引发的中日冲突甚至战争将对美国自身的利益构成严重威胁。

冷战结束以后，美国杰出的战略家、前总统国家安全事务助理布热津斯基写了一本名为《大棋局：美国的全球主导地位与其迫切的地缘战略任务》的书，其中提出的思想奠定了冷战结束后美国地缘战略的理论基础。在这本书中，布热津斯基直言不讳地指出："冷战结束后只有美国一个国家才是真正的全球大国，要长久稳固地维护美国这种全球首要地位，就必须防止欧亚大陆任何单个国家或者组织独大，并向美国的全球领导地位挑战。"布热津斯基强调："美国的对外政策必须要保持对地缘政治的关注，并利用其在欧亚大陆的影响，以政治主宰者的角色创造一种稳定的均衡态势，美国政策的最终目标应该是宽厚的和理想的：从长远趋势出发，为人类的基本利益而形成一个真正合作的全球共同体，但同时最迫切的是不能允许任何能够控制欧亚大陆进而挑战美国的挑战者出现。"①这就是美国冷战结束以来长期坚持的一个综合的、连贯的欧亚地缘战略。现阶段，欧洲的问题已基本解决，东亚西太地区成为欧亚大陆上发展最迅速、矛盾最集中的地区。根据美国的全球战略，其在东亚西太地区最大的战略利益就是保持各强国之间的均势，避免一家独大，挑战美国。

除了这个地缘战略利益以外，美国在东亚西太地区另外一项重大利益就是经济利益，即利用亚洲的经济增长为自己服务。根据亚洲开发银行的报告预计，到2050年，该地区的产出可能占到全球总产出的一半以上。所以，过去几年担任美国国务卿的希拉里多次表示，亚洲"是对美国的今天及未来关系重大的地区"，②"利用亚洲的增长和活力是美国的经济和战略利益核心，也是奥巴马总统确定的一项首要任务"③可见，除了地缘战略利

①　［美］兹比格纽·布热津斯基：《大棋局》，上海：上海人民出版社，1998年。
②　《国务卿克林顿在亚洲协会的演说》，引自中国国际战略学会军控与裁军研究中心：《美国奥巴马政府内外政策言论汇编》，北京：军事谊文出版社，2009年。
③　希拉里·克林顿：《美国的太平洋世纪》，载《参考消息》，2011年10月14日。

益以外，美国在东亚西太地区最大的利益就是利用亚洲新兴市场的增长和活力，促进自身经济的稳定发展，特别是在美国经济形势不容乐观的情况下更是如此。

可以预见，在包括对中日之间钓鱼岛问题在内的一系列重大问题的处理中，美国最优先考虑的就是要保护其自身的这些战略的、经济的国家利益。而中日之间的钓鱼岛争端一旦出现升级，最终引发双方的战争和冲突的话，将会对美国的这些国家利益造成严重破坏。

其一，中日发生战争将使美国背上沉重的负担，给国家经济复苏造成严重的负面影响。如果中日之间因为钓鱼岛问题发生战争的话，美国是日本的盟国，必然陷入两难。因为，如果保持中立的话，无疑将对美国作为世界领袖的国际信义产生严重的负面影响。一旦开战，美国极有可能将被拖入战争。而同中国这样的世界强国打仗，可不是伊拉克，美国势必要投入并耗费相当的国力和军力。这恰恰是美国政府最不愿意看到的。1991 年苏联解体以后，美国成为世界上唯一的超级大国，其国势进入历史上最辉煌的时期。但在 21 世纪的最初十年里，美国连续进行了阿富汗战争、伊拉克战争，紧接着又遭受了金融危机的打击，美国的国力已开始出现衰退的迹象，特别是其国内经济状况日益恶化，美国维持自身对全球事务的参与和主导地位已感到力不从心。根据美国财政部的数据，截至 2012 年年底，美国联邦政府的公共债务总额已达到 16.4 万亿美元的上限，财政赤字也达到 1.42 万亿美元。按照奥巴马政府的计划，未来十年美国的国防预算将裁减5 000 亿美元。在这种情况下，美国政府怎么可能自己勒紧裤腰带，因为钓鱼岛这么一个对它来说无关紧要的事，而帮日本打仗，而且是和中国打仗，美国哪里有这样的动力？对于钓鱼岛问题，美国最担心的事就是一旦卷入和中国的战争，将会使自身背上沉重的经济、政治和军事负担，影响国内经济的复苏，从而加速其全球霸权的衰落，最终失去唯一超级大国的地位。这种代价对美国来说无疑太过巨大了。为了不参加进来，又不能背弃盟友，美国最好的方法就是要力求阻止中日争端无限升级，避免局面出现失控。

其二，中日发生战争将对美国多年来精心构筑的亚太战略布局产生毁灭性的影响。美国亚太战略的核心就是要保持各方的均衡，不能让一家独大，也不能让几方团结起来，这是当初美国政治家"制造"钓鱼岛问题的一个重要目的。实际上，美国看得很清楚，亚太地区真正有实力对美国霸权构成威胁的只有中国和日本这两个国家。为了有效地掌控亚太地区的主导权，美国通过几十年的经营，精心构筑了一个对自身最为有利的布局：为了防止日本威胁自己，他战后首先通过《和平宪法》解除了日本的武装，然后通过《美日安保条约》建立美日同盟，为日本提供保护伞，从而把日本牢牢地控制在自己手里，把日本这只"老虎"关进了笼子里；为了防止中国威胁自己，他一方面利用自己的实力和影响力，直接对中国进行防范，同时又不断利用美日同盟为日本打气，通过日本来牵制和遏制中国。可以说，当前中日之间这种大体均衡又争斗不断的态势，对美国是最有利的，也正是美国所希望的。

如果现在中日之间因为钓鱼岛问题发生战争的话，那么美国力求保持的这种均势将很有可能被打破。一旦中国战胜，中国在东亚地区的影响力和控制力将极大增长，势必会给美国在这一地区的影响力带来巨大冲击，对美国非常不利。而如果日本战胜，对美国也不是好事，甚至可能更坏，不仅日本在东亚地区的影响力和控制力会大大增长，而且美日之间的同盟体系也将面临解体的危险。因为，美国控制日本的基础就是1946年麦克阿瑟为日本制定的《和平宪法》和1951年签订、1960年修改的《美日安保条约》。1946年宪法的最显著特点就是放弃战争和实现非军事化，其第九条规定："日本国民真诚希求基于正义与秩序的国际和平，永久放弃以国家权力发动的战争，永久放弃以武力威胁或行使武力作为解决国际纷争的手段。为达到上述目的，不保持陆海空军及其他战争力量，不承认国家的交战权。"①这部《和平宪法》自1947年5月3日正式实施以来，日本还从来没有作为交战方，参加过任何战争。如果现在中日之间发生战争的话，不论战争结果如何，都会形成一种与宪法表述相违背的事实，即宪法本不承认国家的交战权，但事实上已经交战了。其最终结果极有可能就是为了适应这种事实，而对宪法进行修改，修宪的结果就是实现日本国家全面的重新武装。而美日同盟的基础就是日本的非军事化，日本全面的重新武装将不仅会给东亚地区带来长期的祸患，而且也势必会危及美国自身的利益，并从根本上动摇美日同盟的政治基础，导致美日同盟的最终解体。

美国不会忘了当年费了多大力气，花了多大的代价才赢得太

---

① 米庆余：《日本近现代外交史》，北京：世界知识出版社，2010年，第300页。

平洋战争的：3 年多的时间里美军阵亡了超过 12 万人，比朝鲜战争和越南战争的总和还要多。这是血的教训呀。美国绝不愿意看到也绝不会允许日本这只老虎再从笼子里钻出来。而在 2012 年的钓鱼岛危机中，日本国内一些右翼势力极力推动事件升级的一个重要目的，就是企图借中日发生冲突之际，实现修宪和再武装。现在日本政府也在着手试图对宪法进行部分修改，以图建立国防军。美国对此还没有明确表态，但当日本的这些工作真的推进到实质性阶段的时候，相信美国的态度将会是非常慎重的。美国人应该知道，日本的重新武装表面上是针对中国，而一旦日本战胜中国，下一个目标必然是美国。就像当年中日甲午战争和日俄战争时，日本极力拉拢英国，并与英国结盟，最终战胜了中国和俄国，完事以后，下一个目标就是英国。英国当时帮了日本，第二次世界大战中却在远东地区被日军打得落花流水。

所以，在钓鱼岛问题上，一定要看清美国的实际利益和真实心态。虽然他一再强调"安保条约适用于钓鱼岛"，并在各种场合公开、半公开地为日本撑腰打气，但美国在这一问题上的根本立场绝不是要无限度地支持日本，对抗中国，而是要设法保持中日之间的对立状态，又尽量不使矛盾激化，从而最大程度地维护自己的利益。可以说，美国在钓鱼岛问题上的政策有这样三条底线：第一，决不允许中国采用武力手段完全夺占钓鱼岛；第二，决不允许日本借用钓鱼岛问题把美国拖入与中国全面对抗的泥潭；第三，决不允许日本借此更大程度上推动修宪、扩军，实现重新武装。所以，我们要看到，虽然在钓鱼岛问题上美国一直以日本盟友和支持者的面目出现，但在这一问题上中美之间的关系并不完全是对抗性的。实际上，在钓鱼岛问题上，中美之间有着一个重大的共同利益，那就是要防范和遏制日本在政治上和军事上可能的再次崛起。

长期的相持

作为争端的直接相关方，日本政府在钓鱼岛问题上的后续政策颇为引人关注。从总体看，日方的政策选择无非就三种可能：推动危机升级，保持目前的对峙僵局或者承认现实，做出让步。由于受到主要盟友——美国立场的影响和自身实力的限制，其在未来一个短时间内采取激化双方矛盾的重大步骤的可能性不大。问题的关键是他会在保持对峙僵局和承认现实中做出哪个选择。

2012 年 12 月 26 日，自民党总裁安倍晋三当选为日本第 96 任首相并组建政府。此后，安倍政府在钓鱼岛问题上采取了一种看似自相矛盾的政策：一方面，通过暂缓向争议岛屿派驻公务人员、给中国领导人写亲笔信等方式，不断向中国方面表明和解的意向，释放一些"善意"；另一方面，又不时制造事端和摩擦，无端指责和抹黑中国，不断渲染危机。仔细分析起来，安倍政府这些自相矛盾的政策背后，掩藏的是其对钓鱼岛问题持有的一种矛盾和纠结的心态。

按照安倍的设想，本届政府将把摆脱经济停滞，实现日本的再兴作为中心目标。围绕这一目标，安倍政府确定的施政纲领包括两个最核心的部分：其一，是要大力解决当前日本国内面临的经济社会问题。近年来，由于高龄少子化、创新不足等造成的国内市场停滞、制造业外流和经济缺乏活力等问题，已成为日本国内最突出、最棘手的问题，正在从根本上动摇日本的竞争优势和国力基础。为了解决这些问题，安倍政府决定推行积极的货币和财政政策，即通过大规模量化宽松计划和财政刺激计划，力争实现通胀率2%的目标（此前日本经济长期处于通货紧缩状态），以图刺激经济进入增长区间，重新激发日本经济产业的活力和竞争力，重树日本世界经济强国的形象。其二，是要积极推动修宪，建立国防军，使日本彻底摆脱战败的影响，成为一个所谓的"正常国家"。2013年2月，安倍晋三在访美期间公开表示："日本必须保持强大，不仅要振兴经济，也要增强国防。"为了实现这一目标，安倍政府计划首先对规定国家"不保持陆海空军及其他战争力量，不承认交战权"的宪法第九条进行修改，正式赋予国家拥有军队的权利，并把日本自卫队改称为国防军，使日本在保持自身经济大国地位的同时，迈开步伐向成为政治、军事大国的目标前进。

在这样一个大的政治环境下，钓鱼岛问题对日本政府而言就成为一把"双面刃"。好的方面，可以利用这一事件，渲染中国对日本主权的"侵犯"，为其在国内推动修宪建军等政策创造有利的舆论环境；坏的方面，中日关系的持续紧张和不断增强的对抗倾向，使得日本经济复苏的外部环境变得更加恶劣，将在很大程度上迟滞日本国力的恢复，进而降低现政权的执政业绩。这种复杂的利益关系，使得安倍政权在钓鱼岛问题上持有一种既想有所得，又怕有所失的矛盾心态，这就是其采取一种既不断"寻求和解"又不时"制造对立"这么一种两面政策、两面手法的主要原因。日本政府最终会在钓鱼岛问题上做出怎样的决策，是保持对峙僵局还是承认现实，做出让步，主要将决定于其对利益得失的权衡。随着时间的推移，当安倍政府感觉到国内经济社会改革的压力和困难增大，同时"右倾化"主张又获利有限的时候，就很可能会在现实利益的驱使下，对钓鱼岛问题的现行政策进行一定的调整，做出一些让步，使两国的紧张关系和对立局面暂时得以缓和。而当其国内改革进行得比较顺利，"右倾化"意图又不断强化的情况下，保持钓鱼岛问题上的僵持对立局面将会成为日方的优先选项，中日双方在这一问题上的斗争角力也将会一直持续下去。在未来一个时期，这种骑墙观望的政策将成为日本政府处理钓鱼岛问题的主要基点。

不论后续形势怎样发展，在经历了 2012 年的严重对立和危机之后，中日双方在钓鱼岛问题上进行妥协的政策空间已经非常狭小了，目前这种双方执法力量、军事力量的对峙相持局面将会长期存在下去。也就是说，长期相持将是中日钓鱼岛问题未来的一个基本走向。根据初步判断，如果双方都有足够强的意愿寻求接触和实现妥协的话，那么最可能的形式就是双方就两国执法力量和军事力量在钓鱼岛周边海域及上空的活动形式、活动范围、活动时间等问题达成某种默契或协议，以降低活动过程中发生意外事件的风险，最终把钓鱼岛问题对中日两国关系造成的负面影响有效控制起来，把这个问题继续搁置下去。而双方这种协议、妥协的达成就在事实上再次确认了钓鱼岛的主权争议。只是，这种新的"搁置争议"的局面是不同于 2012 年之前的。因为，在此之前的"搁置争议"是日本在钓鱼岛周边处于一定的力量优势下形成的"搁置争议"，而新的"搁置争议"则是中日两国执法力量、军事力量在钓鱼岛周边海域及上空相互对峙、同时存在的基础上形成的"搁置争议"。也就是说，通过 2012 年的斗争，中国政府确实在扭转自身在钓鱼岛问题上的不利局面方面取得了重要进展，让日本政府为自己的"购岛"行为付出了代价。

当前，钓鱼岛问题作为一个阻碍中日关系发展的重大现实问题，已摆在了两国人民的面前。能否在多方利益交错、矛盾尖锐复杂的情况下，坚决维护国家领土主权和海洋权益，是对中国政府和人民的一个严重考验。对日本政府而言，如果一味坚持在钓鱼岛问题上的顽固立场，必将迫使中日关系逐步走上对抗，并难以回头。愿两国政治家像 20 世纪 70 年代的周恩来、邓小平、田中角荣、福田赳夫等一样，能够在钓鱼岛问题上展开视野，在面对现实、不回避矛盾的前提下，重新寻找到一条管控分歧，消弭和化解矛盾的道路，最大程度上维护两国关系和平发展的大局，携手创造光明美好的未来。

附　录

1. 中日修好条规

(1871 年 9 月 13 日于天津签订，共 18 条。双方同时订有通商章程 33 条，从略)[①]

第一条　嗣后大清国、大日本国被敦和谊，与天壤无穷。即两国所属邦土，亦各以礼相待，不可稍有侵越，俾获永久安全。

第二条　两国既经通好，自必互相关切。若他国偶有不公及轻藐之事，一经知照，必须彼此相助，或从中善为调处，以敦友谊。

第三条　两国政事禁令，各有异同，其政事应听己国自主，彼此均不得代谋干预，强请开办。其禁令亦应互相为助，各饬商民，不准诱惑土人稍有违犯。

第四条　两国均可派秉权大臣，并携带眷属随员，驻扎京师。或长行居住，或随时往来，经过内地各处，所有费用均系自备。其租赁地基房屋作为大臣等公馆，并行李往来及专差送文等事，均须妥为照料。

第五条　两国官员虽有定品，授职各异。如彼此执掌相等，

---

① 文献来源为王铁崖：《中外旧约章汇编》(第 1 册)，北京：三联书店，1957年，第 317 页。

会晤移文，均用平行之礼。职卑者与上官相见，则行客礼。遇有公务，则照会执掌相等之官转申，无须径达。如相拜会，则各用官位名帖。凡两国派员初到任所，须将印文送验，以杜假冒。

第六条　嗣后两国往来公文，中国用汉文，日本国用日本文，须副以译汉文，或只用汉文，亦从其便。

第七条　两国既经通好，所有沿海各口岸，彼此均应指定处所，准听商民来往贸易，并另立通商章程，以便两国商民永远遵守。

第八条　两国指定各口，彼此均可设理事官，约束己国商民。凡交涉财产词讼案件，皆归审理，各按己国律例核办。两国商民彼此互相控诉，俱用禀呈。理事官应先为劝息，使不成讼。如或不能，则照会地方官会同公平讯段。其窃盗逋欠等案，两国地方官只能查拿追办，不能代偿。

第九条　两国指定各口倘未设理事官，其贸易人民均归地方官约束照管。如犯罪名，准一面查拿，一面将案情知照附近各口理事官，按律科断。

第十条　两国官商在指定各口，均准雇佣本地民人服役工作，管理贸易等事，其雇主应随时约束，勿任藉端欺人，犹不可偏听私言，致令生事。如有犯案，准由各地方官查拿讯办，雇主不得徇私。

第十一条　两国商民在指定各口，彼此往来，各宜友爱，不得携带刀械，违者议罚，刀械入官。并须各安本分。无论居住久暂，均听己国理事官管辖。不准改换衣冠，入籍考试，致滋冒混。

第十二条　此国人民因犯此国法禁，隐匿彼国公署商船行栈，及潜逃彼国各处者，一经此国官查明照会彼国官，即应设法查拿，不得徇纵。其拿获解送时，沿途给予衣食，不可凌虐。

第十三条　两国人民如有在指定口岸，勾结强徒为盗为匪，或潜入内地，放火杀人抢劫者，其在各口由地方官一面自行严捕，一面将案情飞知理事官，倘敢用凶器拒捕，均准格杀勿论。惟须将致杀情迹会同理事官查验。如事发内地不及查验者，即由地方官将实在情由照会理事官查照。其拿获到案者，在各口由地方官会同理事官审办。在内地即由地方官自行审办，将案情照会理事官查照。倘此国人民在彼国聚众滋扰，数在十人以外，及诱结通谋彼国人民作害地方情事，应听彼国官径行查拿。其在各口者知照理事官会审，其在内地者，由地方官审实，照会理事官查照，均在刑事地方正法。

第十四条　两国兵船往来指定各口，系为保护己国商民起见。凡沿海未经指定口岸以及内地河湖支港，概不准驶入，违者截留议罚，惟因遭风避险收口者，不在此例。

第十五条　嗣后两国倘有与别国用兵事情事，应防各口岸，一经不知，便应暂停贸易及船只出入，免致误有伤损，其平时日本人在中国指定口岸及附近洋面，中国人在日本指定口岸及附近洋面，均不准与不和之国互相争斗抢劫。

第十六条　两国理事官均不得兼作贸易，亦不准兼摄无约各国理事。如办事不和众心，确有实据，彼此均可行文知照秉权大臣，查明撤回，免因一人偾事，致伤两国友谊。

第十七条　两国船只旗号，各有定式，倘彼国船只假冒此国旗号，私作不法情事，货船均罚入官，如查系官为发给，即行参撤。至两国书籍，彼此如愿诵习，应准互相采买。

第十八条　两国议定条规，均系预为防范，俾免欧生嫌隙，以尽讲信修好之道。为此两国钦差全权大臣先行画押盖印，用昭凭信，俟两国御笔批准互换后，即刊刻通行各处，使彼此官民咸知遵守，永以为好。

2. 北京专约

(1874 年 10 月 31 日于北京签订，亦称"议定台事专条")①

一、日本国此次所办，原为保民义举起见，中国不指以为不是。

二、前次所有遇害难民之家，中国定给抚恤银两，日本所有在该处修道、建房等件，中国愿留自用，先行议定筹补银两，另有议办之据。

三、所有此事两国一切来往公文，彼此撤回注销，永为罢论。至于该处生番，中国自宜设法妥为约束，不能再受凶害。

附：会议凭证

台番一事，现在业经英国威大臣同两国议明，并本日互立办法文据。日本国从前被害难民之家，中国先准给抚恤银十万两。又日本退兵，在台湾所有修道建房等件，中国愿留自用，准给费

---

① 文献来源为米庆余：《琉球历史研究》，天津：天津人民出版社，1998 年，第153、154 页。

银四十万两，亦经议定，准于日本国明治七年十二月二十日日本国全行退兵；中国同治十三年十一月十二日，中国全数付给，不得延期。日本国兵未经全数退尽之时，中国银两亦不全数付给。立此为据，彼此各执一纸存照。

3. 分岛改约协议

（1880 年 10 月 21 日，日本驻华公使宍户玑与中国总理各国事务大臣王文绍、沈桂芬等达成的协议，包括琉球条约拟稿、加约拟稿、凭单拟稿、附单稿等四部分，后由于中国清政府拒绝批准而未生效）①

琉球条约拟稿

大清国大日本国以专重和好，故将琉球一案所有从前议论，置而不提。

大清国大日本国共同商议，除冲绳岛以北属大日本国管理之外，其宫古、八重山二岛属大清国管辖，以清两国疆界，各听其治，彼此永远不相干预。

大清国大日本国现议酌加两国条约，以表真诚和好之意。兹大清国钦命总理各国事务王大臣、大日本国钦差全权大臣（勋二等宍户玑）各凭所奉上谕，便宜办理，定立专条，画押钤印为据。现今条约应由两国御笔批准，于三个月限内，在大清国都中互换（光绪七年五月、明治十四年二月），交割两岛之次月，开办加约事宜。

---

① 文献来源为米庆余：《琉球历史研究》，天津：天津人民出版社，1998 年，第 211、222 页。

加约拟稿

大清国大日本国辛未年所订条约，允宜永远信守。惟以其内条款有一二变通，是以大清国钦命总理各国事务王大臣、大日本国钦差全权大臣勋二等宍户，各遵所奉谕旨，公同商议，酌加条款。所有议定各条，开列于左①：

第一条　两国所有与各通商国已定条约内，载予通商人民便益各事，两国人民亦莫不同获其美。嗣后两国与各国加有别项利益之处，两国人民亦均沾其惠，不得较各国有彼厚此薄之偏。但此国与他国立有如何施立专章，彼国若欲援他国之益，使其人民同沾，亦应于所议专章一体遵守，其系另有相酌条款才予特优者，两国如欲均沾，当遵守其相酌条款。

第二条　辛未年两国所定修好条规，及通商章程各条款，与此次增加条款有碍者，当照此次增加条项施行。现今所立加约，应由两国御笔批准，于三个月限内，在大清国都中互换。

凭单拟稿

两国通商事宜，有与他通商各国随时变通之处，彼此预为言明。嗣后，此国有将与他各国现行条约内管理商民、查办犯案各款及海关税则更行酌改，候与他各国订定后，再行彼此酌议。因此预立凭单，画押为据。

附单稿

大清国应派员以（光绪七年正月、明治十四年二月）到八重岛地方，与大日本国所派官弁，各呈示凭据，将宫古、八重山群岛

---

① 原文从右至左竖排。

土地人民，一并交受。

宫古、八重山群岛民人，在交付之际，大日本国官弁应先期加意戒伤晓谕，使其安分，以免纷扰。既交付之后，两界民人各遵其国法例，不互相干犯。

4. 马关条约

（1895 年 4 月 17 日于马关签订，包括前言和正文 11 款，前言从略。条约后附有另约 3 款，议订专条 3 项，从略）[①]

第一款　中国认明朝鲜国确为完全无缺之独立自主国。故凡有亏损其独立自主体制，即如该国向中国所修贡献典礼等，嗣后全行废绝。

第二款　中国将管理下开地方之权并将该地方所有堡垒、军器、工厂及一切属公物件，永远让与日本。

一、下开划界以内之奉天省南边地方。从鸭绿江口溯该江抵安平河口，又从该河口划至凤凰城、海城及营口而止，画成折线以南地方；所有前开各城市邑，皆包括在划界线内。该线抵营口之辽河后，即顺流至海口止，彼此以河中心为分界。辽东湾东岸及黄海北岸在奉天所属诸岛屿，亦一并在所让界内。

二、台湾全岛及所有附属各岛屿。

三、澎湖列岛。即英国格林尼次东经百十九度起、至百二十度止及北纬二十三度起、至二十四度之间诸岛屿。

***

① 文献来源为王禹：《钓鱼岛及琉球法律文献汇编》，澳门：濠江法律学社，2013 年，第 28 页。

第三款　前款所载及黏附本约之地图所划疆界，俟本约批准互换之后，两国应各选派官员二名以上为公同划定疆界委员，就地踏勘确定划界。若遇本约所约疆界于地形或地理所关有碍难不便等情，各该委员等当妥为参酌更定。各该委员等当从速办理界务，以期奉委之后限一年竣事。

但遇各该委员等有所更定画界，两国政府未经认准以前，应据本约所定画界为正。

第四款　中国约将库平银二万万两交与日本，作为赔偿军费。该款分作八次交完：第一次五千万两，应在本约批准互换六个月内交清；第二次五千万两，应于本约批准互换后十二个月内交清；余款平分六次，递年交纳；其法列下：第一次平分递年之款于两年内交清，第二次于三年内交清，第三次于四年内交清，第四次于五年内交清，第五次于六年内交清，第六次于七年内交清；其年分均以本约批准互换之后起算。又第一次赔款交清后，未经交完之款应按年加每百抽五之息；但无论何时将应赔之款或全数或几分先期交清，均听中国之便。如从条约批准互换之日起三年之内能全数清还，除将已付利息或两年半或不及两年半于应付本银扣还外，余仍全数免息。

第五款　本约批准互换之后限二年之内，日本准中国让与地方人民愿迁居让与地方之外者，任便变卖所有产业，退去界外。但限满之后尚未迁徙者，酌宜视为日本臣民。又，台湾一省应于本约批准互换后，两国立即各派大员至台湾限于本约批准后两个月内交接清楚。

第六款　中日两国所有约章，因此次失和自属废绝。中国约俟本约批准互换之后，速派全权大臣与日本所派全权大臣会同订立通商行船条约及陆路通商章程；其两国新订约章，应以中国与泰西各国见行约章为本。又，本约批准互换之日起、新订约章未经实行之前，所有日本政府官吏臣民及商业、工艺、行船船只、陆路通商等，与中国最为优待之国礼遇护视一律无异。中国约将下开让与各款，从两国全权大臣画押盖印日起，六个月后方可照办。

一、见今中国已开通商口岸以外，应准添设下开各处，立为通商口岸，以便日本臣民往来侨寓、从事商业工艺制作。所有添设口岸，均照向开通商海口或向开内地镇市章程一体办理；应得优例及利益等，亦当一律享受：

湖北省荆州府沙市，

四川省重庆府，

江苏省苏州府，

浙江省杭州府。

日本政府得派遣领事官于前开各口驻扎。

二、日本轮船得驶入下开各口附搭行客、装运货物：

从湖北省宜昌溯长江以至四川省重庆府，

从上海驶进吴淞江及运河以至苏州府、杭州府。

中日两国未经商定行船章程以前，上开各口行船务依外国船只驶入中国内地水路见行章程照行。

三、日本臣民在中国内地购买经工货件若自生之物、或将进口商货运往内地之时欲暂行存栈，除勿庸输纳税钞、派征一切诸费外，得暂租栈房存货。

四、日本臣民得在中国通商口岸、城邑任便从事各项工艺制造；又得将各项机器任便装运进口，只交所订进口税。日本臣民在中国制造一切货物，其于内地运送税、内地税钞课杂派以及中国内地沾及寄存栈房之益，即照日本臣民运入中国之货物一体办理；至应享优例豁除，亦莫不相同。嗣后如有因以上加让之事应增章程条规，即载入本款所称之行船通商条约内。

第七款　日本军队见驻中国境内者，应于本约批准互换之后三个月内撤回；但须照次款所定办理。

第八款　中国为保明认真实行约内所订各款，听允日本军队暂占守山东省威海卫。又，于中国将本约所订第一、第二两次赔款交清、通商行船约章亦经批准互换之后，中国政府与日本政府确定周全妥善办法，将通商口岸关税作为剩款并息之抵押，日本可允撤回军队。倘中国政府不即确定抵押办法，则未经交清末次赔款之前，日本应不允撤回军队；但通商行船约章未经批准互换以前，虽交清赔款，日本仍不撤回军队。

第九款　本约批准互换之后，两国应将是时所有俘虏尽数交还。中国约将由日本所还俘虏并不加以虐待若或置于罪戾；中国约将认为军事间谍或被嫌逮系之日本臣民，即行释放。并约此次交仗之所有关涉日本军队之中国臣民，概予宽贷；且饬有司，不得擅为逮系。

第十款　本约批准互换日起，应按兵息战。

第十一款　自本约奉大清帝国大皇帝陛下及大日本帝国大皇帝陛下批准之后，定于光绪二十一年四月十四日，即日本明治二十八年五月初八日在烟台互换。

5. 开罗宣言

（1943 年 12 月 1 日发表）[①]

罗斯福总统、蒋委员长、丘吉尔首相偕同各该国军事与外交顾问人员，在北非举行会议，业已完毕，兹发表概括之声明如下：

三国军事方面人员关于今后对日作战计划，已获得一致意见，我三大盟国决心以不松弛之压力，从海陆空各方面加诸残暴之敌人，此项压力已经在增长之中。

我三大盟国此次进行战争之目的，在于制止及惩罚日本之侵略，三国决不为自己图利，亦无拓展领土之意思。三国之宗旨，在剥夺日本自从 1914 年第一次世界大战开始后在太平洋上所夺得或占领之一切岛屿；在使日本所窃取于中国之领土，例如东北四省、台湾、澎湖群岛等，归还中华民国；其他日本以武力或贪欲所攫取之土地，亦务将日本驱逐出境；我三大盟国稔知朝鲜人民所受之奴隶待遇，决定在相当时期，使朝鲜自由与独立。

根据以上所认定之各项目标，并与其他对日作战之联合国目标相一致，我三大盟国将坚忍进行其重大而长期之战争，以获得日本之无条件投降。

---

① 文献来源为王禹：《钓鱼岛及琉球法律文献汇编》，澳门：濠江法律学社，2013 年，第 35 页。

6. 波茨坦公告

(1945 年 7 月 26 日美、中、英三国发表，8 月 8 日苏联加入)[①]

（一）余等：美国总统、中国国民政府主席及英国首相代表余等亿万国民，业经会商，并同意对日本应予以一机会，以结束此次战事。

（二）美国、英帝国及中国之庞大陆、海、军部队，业已增强多倍，其由西方调来之军队及空军，即将予日本以最后之打击，彼等之武力受所有联合国之决心之支持及鼓励，对日作战，不至其停止抵抗不止。

（三）德国无效果及无意识抵抗全世界激起之自由人之力量，所得之结果，彰彰在前，可为日本人民之殷鉴。此种力量当其对付抵抗之纳粹时，不得不将德国人民全体之土地、工业及其生活方式摧残殆尽。但现在集中对待日本之力量则较之更为庞大，不可衡量。吾等之军力，加以吾人之坚决意志为后盾，若予以全部实施，必将使日本军队完全毁灭，无可逃避，而日本之本土亦必终归全部残毁。

（四）现时业已到来，日本必须决定一途，其将继续受其一意孤行计算错误，使日本帝国已陷于完全毁灭之境之军人之统制，抑或走向理智之路。

（五）以下为吾人之条件，吾人决不更改，亦无其他另一方

---

① 文献来源为王禹：《钓鱼岛及琉球法律文献汇编》，澳门：濠江法律学社，2013 年，第 36 页。根据英文原文进行了校译。

式。犹豫迁延，更为吾人所不容许。

（六）欺骗及错误领导日本人民使其妄欲征服世界者之威权及势力，必须永久剔除。盖吾人坚持非将负责之穷兵黩武主义驱出世界，则和平安全及正义之新秩序势不可能。

（七）直至如此之新秩序成立时，及直至日本制造战争之力量业已毁灭，有确定可信之证据时，日本领土经盟国之指定，必须占领，俾吾人在此陈述之基本目的得以完成。

（八）开罗宣言之条件必将实施，而日本之主权必将限于本州、北海道、九州、四国及吾人所决定其他小岛之内。

（九）日本军队在完全解除武装以后，将被允许返其家乡，得有和平及生产生活之机会。

（十）吾人无意奴役日本民族或消灭其国家，但对于战罪人犯，包括虐待吾人俘虏在内，将处以法律之裁判。日本政府必将阻止日本人民民主趋势之复兴及增强之所有障碍予以消除，言论、宗教及思想自由以及对于基本人权之重视必须建立。

（十一）日本将被允许维持其经济所必需及可以偿付货物赔款之工业；但可以使其重新武装作战之工业不在其内。为此目的，可准其获得原料，以别于统制原料，日本最后参加国际贸易关系当被准许。

（十二）上述目的达到及依据日本人民自由表示之意志成立一倾向和平及负责之政府后，同盟国占领军队当撤退。

（十三）吾人通告日本政府立即宣布所有日本武装部队无条件投降，并对此种行动诚意实行予以适当及充分之保证。除此一途，日本即将迅速完全毁灭。

7. 盟军最高司令部训令第 677 号

(1946 年 1 月 29 日发布)①

1. 自本指令颁布之日起，日本政府必须停止对日本以外的政府人员、雇员及其他所有人员行驶或企图行使政治、行政权力的一切活动。

2. 除已批准的船舶航行、通信、气象相关的常规作业外，未经本司令部批准，日本政府禁止与日本以外的政府人员、雇员及其他所有人员，进行任何目的之通信。

3. 依据本指令之目的，"日本"一词的定义如下：

日本版图的范围：日本的四个主要岛屿(北海道、本州、四国、九州)及包括对马诸岛、北纬 30 度以北的琉球(西南)群岛(口之岛除外)在内的约 1 000 个临近小岛。

从日本版图中排除的地区：(a)郁陵岛、竹岛、济州岛。(b)北纬 30 度以南的琉球(西南)群岛(包括口之岛)、伊豆、南方、小笠原、硫黄群岛以及包括大东群岛、冲之鸟岛、南鸟岛、中之鸟岛在内的其他所有外部太平洋诸岛。(c)千岛群岛、齿舞群岛(包括水晶、勇留、秋勇留、志发、多乐岛)、色丹岛。

4. 并且，在以下地区排除日本政府的政治、行政管辖权：(a)1914 年第一次世界大战以后，日本以委任统治及其他方式，夺取或占领的所有太平洋诸岛。(b)中国东北、台湾、澎湖列岛。

---

① 文献来源为维基文库，http://en.wikisource.org/wiki/SCAPIN677，对英文原文进行了翻译。

(c)朝鲜以及(d)桦太①。

5. 本指令中对日本的定义，如未经特别指明，适用于本司令部今后发布的所有指令、备忘录或命令。

6. 本指令中的任一条款，不可解释为联合国关于波茨坦公告第 8 条规定的小岛屿最终决定的政策条款。

7. 日本政府作为日本国内的政府机关，如果职能涉及本指令所定义的日本以外的地区，必须对含有上述职能的所有报告进行调整，并提交至本司令部。并且，该报告必须包括各相关机关的职能、组织以及职员情况。

8. 第 7 项所记述机关的相关报告，必须全部予以保留，且无论何时，必须接受本司令部的查阅。

8. 旧金山对日和约

(1951 年 9 月 8 日于旧金山签订，包括前言和正文 7 章 27 条，节录正文前 2 章 4 条)②

第一章　和平

第一条

甲. 日本与每一盟国间之战争状态，依照本条约第二十三条之规定，自日本与该盟国间所缔结之本条约生效时起，即告终止。

乙. 各盟国承认日本人民对于日本及其领海有完全的主权。

---

① 即苏联(俄罗斯)远东地区的萨哈林岛，中国习惯称库页岛。

② 文献来源为王禹：《钓鱼岛及琉球法律文献汇编》，澳门：濠江法律学社，2013 年，第 63 页。根据英文、日文原文进行了校译。

第二章　领土

第二条

甲．日本承认朝鲜之独立，并放弃对朝鲜包括济州岛、巨文岛及郁陵岛在内的一切权利、权利名义与请求权。

乙．日本放弃对台湾、澎湖列岛的一切权利、权利名义与请求权。

丙．日本放弃对千岛群岛及由于 1905 年 9 月 5 日朴茨茅斯条约所获得主权之库页岛一部分及其附近岛屿之一切权利、权利名义与请求权。

丁．日本放弃与国际联盟委任统治制度有关之一切权利、权利名义与请求权，并接受 1947 年 4 月 2 日联合国安全理事会将托管制度推行于从前委任日本统治的太平洋各岛屿之措施。

戊．日本放弃对于南极地域任何部分的任何权利、权利名义或利益之一切要求，不论其是由于日本国民之活动、或由于其他方式而获得的。

己．日本放弃对南沙群岛、西沙群岛之一切权利、权利名义与请求权。

第三条

对于美国向联合国提出的将北纬 29 度以南之西南群岛（包括琉球群岛与大东群岛）、孀妇岩岛以南之南方诸岛（包括小笠原群岛、西之岛与火山群岛）及冲之鸟礁与南鸟岛，置于联合国托管制度之下，而以美国为唯一管理当局之任何建议，日本将予同意。在提出此种建议并采取肯定措施之前，美国有权对此等岛屿之领土及其居民，包括其领海在内，行使一切及任何行政、立法与司法权力。

第四条

甲．日本及其国民在第二条所指区域内的财产及对于此等区域之现在行政当局及居民（包括法人）的要求，包括债务之处理，以及此等行政当局及居民在日本的财产及此等行政当局与居民对日本及其国民要求，包括债务之处理，应由日本及此等行政当局商订特别处理办法。任一盟国或其国民在第二条所指区域内之财产，若尚未归还，应由行政当局依其现状予以归还（本条约所称"国民"一词，包括法人在内）。本款应受本条乙款规定之限制。

乙．日本承认，美国军政府对日本及其国民在第二条及第三条所指任何区域内财产之处理、或根据美国军政府指令对该财产所作处理为有效。

丙．为日本所有之连接日本与依照本条约脱离日本统治的领土间的海底电线应平均分配。日本保留在日本之终点与其相联电线之一半，该脱离之领土保留其余电线之一半及其相联之终点设备。

9. 日美《关于琉球群岛和大东群岛的协定》

（1971 年 6 月 17 日华盛顿和东京同时签订，日本又称为"归还冲绳协定"，包括前言和正文 9 条，前言从略）①

第一条

一、根据 1951 年 9 月 8 日在旧金山市签署的"旧金山对日

---

① 文献来源为王禹：《钓鱼岛及琉球法律文献汇编》，澳门：濠江法律学社，2013 年，第 101 页。根据英文、日文原文进行了校译。

和约"之第三条规定，自本协定生效之日起，美利坚合众国将把本条第二项规定所指的关于琉球群岛、大东群岛的一切权利和利益放弃给日本。同一天起，日本国为行使对这些的领域及其居民在行政、立法和司法方面的一切权力，接受完全的责任和权力。

二、为了实现本协定的目标，所谓"琉球群岛、大东群岛"是指根据"旧金山对日和约"第三条规定美利坚合众国被授予的全部领土和领水范围内，日本有权行使行政、立法和司法方面的一切权力。这种权力不包括根据 1953 年 12 月 24 日和 1968 年 4 月 5 日美利坚合众国和日本国分别签署的关于奄美群岛的协定和关于南方岛屿及其他岛屿的协定中已归还日本的部分。

第二条

双方确认，自本协定生效之日起，以往美利坚合众国和日本国之间缔结的条约及其他协定，其中包括 1960 年 1 月 19 日在华盛顿签署的《美日安保条约》及此有关的协定，1953 年 4 月 2 日在东京签署的《美日友好通商航海条约》，且不仅仅限于这些条约和协定，均适用于琉球群岛、大东群岛。

第三条

一、根据 1960 年 1 月 19 日在华盛顿签署的《美日安保条约》及此有关的协定，日本国同意自本协定生效之日起让美利坚合众国使用在琉球群岛、大东群岛上的设施和区域。

二、关于美利坚合众国根据本条第一项规定，得以自本协定生效之日起使用琉球群岛、大东群岛的设施和区域事项，当应用 1960 年 1 月 19 日签署的《美日安保条约第六条规定的有关设施、

区域以及驻日美军地位的协定》第四条规定，同条第一项中所谓
"那些提供给美利坚合众国军队时的状态"是指该有关设施和区域
最初为美利坚合众国军队使用时的状态，而同条第二项中的所谓
"改良"应理解为包括在本协定生效之日加以改良之意。

第四条

一、日本国对在本协定生效以前，在琉球群岛、大东群岛上
由于美利坚合众国军队或当局的存在，由于履行职务或采取行
动，或对这些岛屿带来影响的美利坚合众国军队或当局的存在，
对其履行职务或采取行动而产生的日本国及其国民要求美利坚合
众国及其国民以及这些岛屿现任当局的一切要求赔偿权，均予
放弃。

二、但是，本条第一项规定的放弃并不包括琉球群岛、大东
群岛在美利坚合众国施政期间适合的美利坚合众国法令，或根据
这些岛屿的现行法令特别认可的日本国民的赔偿要求。为了在本
协定生效后根据同日本政府在协议上规定的手续处理并解决那种
赔偿要求问题，美利坚合众国政府同意在琉球群岛、大东群岛安
置授以正当权限的职员。

三、凡是琉球群岛、大东群岛上的土地在美利坚合众国政府
当局于1950年7月1日前使用期间内遭受损失，并对于1961年
6月30日后本协定生效前解除使用的土地所有者，美利坚合众国
政府将自愿付款使之恢复土地的原状。而这一付款与1967年高
级专员发布的第60号命令中规定的对1950年7月1日前所受损
失而于1961年7月1日前解除使用的土地所支付的款项相比较
要以不失平衡为宜。

四、日本国将根据琉球群岛、大东群岛在美利坚合众国施政期间由美利坚合众国当局或现任当局制订的指令或其结果行事，承认当时法令许可的一切作为和不作为的效果，而对于美利坚合众国国民和这些岛屿居民因这些作为和不作为产生的民事和刑事责任，决不采取任何与之相抵触的行动。

第五条

一、日本国承认在琉球群岛、大东群岛的任何法院于本协定生效前作出的民事案件的最后裁决，只要不反对公共秩序和良好风格，一律有效，并使之得到完全地继续有效。

二、日本国决不在任何意义上损害诉讼当事者的实际权利和地位。在本协定生效之日，将对属于在琉球群岛、大东群岛上的任何法院裁决中的民事案件继续行使裁判权，并使其继续进行裁判和执行。

三、日本国决不在任何意义上损害被告人或嫌疑者的实际权利和地位。在本协定生效之日，将对属于在琉球群岛、大东群岛上的任何法院，或在本协定生效之日前正属于向这些法院开始办理手续即将进行诉讼的刑事案件，继续行使裁判权，继续办理手续并得以开始诉讼。

四、日本国将能继续执行在琉球群岛、大东群岛上的任何法院对刑事案件作出的最后裁决。

第六条

一、自本协定生效之日，琉球电力公司、琉球自来水公司、琉球开发金融公司的财产将交给日本政府。同日起，日本政府还将按本国法令继续行使这些公司的权利和义务。

二、此外，自本协定生效之日，在琉球群岛、大东群岛上的一切美利坚合众国政府的财产，而且是存在于根据第三条规定提供的设施和区域之外的，同日将全部移交给日本政府。但是，自本协定生效前已归还给原土地拥有者的土地上的财产，以及美利坚合众国政府得到日本国政府同意于同日以后置办并继续拥有的财产不受此限。

三、美利坚合众国政府在琉球群岛、大东群岛围垦的土地和在这些岛屿取得的其他围垦地，至本协定生效之日止仍属该政府所有的，同日起成为日本政府的财产。

四、在本协定生效前，美利坚合众国根据本条第一项和第二项规定向日本国政府移交财产的所在地上发生的任何变化，对日本国和日本国民不负有补偿的义务。

第七条

日本国政府考虑到美利坚合众国的财产将根据第六条的规定移交给日本国政府；考虑到美利坚合众国将如 1969 年 11 月 21 日联合声明第八项规定在不违背日本国政府政策的前提下把琉球群岛、大东群岛归还日本，还考虑到美利坚合众国政府愿意在归还后分担余下的费用等事实，自本协定生效之日起的五年内，将向美利坚合众国政府支付总额三亿两千万美元。日本国政府在本协定生效后的一星期内先支付一亿美元，余额平均分四次在本协定生效后的每年六月间等额支付。

第八条

日本国政府和美利坚合众国政府根据两国政府之间缔结的协定，同意自协定生效后的五年内继续在冲绳岛经营美国之音电台的转播。两国政府还就本协定生效两年后冲绳岛的美国之音电台的经营问题达成了协议。

第九条

本协定须经批准,批准书将在东京相互交换。本协定在互换批准书后的两个月生效。

附:共识议事录①

日本政府和美利坚合众国政府代表希望就双方今天签署的《关于琉球群岛和大东群岛的协定》谈判过程中达成共识的下述事项予以记录:

关于第一条:

第一条第二项中所指的领土范围,是基于和日本国签订的和平条约第三条规定而处于美国施政下的领土,即 1953 年 12 月 25 日为民政府布告第 27 号所指定的,由以下各坐标点依次连接区域内的所有岛屿、小岛、环礁及岩礁:北纬 28 度东经 124 度 40 分、北纬 24 度东经 122 度、北纬 24 度东经 123 度、北纬 27 度东经 131 度 50 分、北纬 27 度东经 128 度 18 分、北纬 28 度东经 128 度 18 分、北纬 28 度东经 124 度 40 分。

10. 中日和平条约

(1952 年 4 月 28 日于台北签订,条约全称为"中华民国与日

---

① 文献来源为[日]浦野起央等:《钓鱼台群岛(尖阁诸岛)问题研究资料汇编》,励志出版社,刀水书房,2001 年,第 248 页。

本国间和平条约"，即"日台条约"，包括前言和正文 14 条，前言从略。另附议定书 2 款 7 项，从略)①

第一条　中华民国与日本国间之战争状态，自本月发生效力之日起，即告终止。

第二条　兹承认依照公历 1951 年 9 月 8 日在美利坚合众国金山市②签订之对日和平条约(以下简称金山和约)第二条，日本国业已放弃对于台湾及澎湖群岛，以及南沙群岛及西沙群岛之一切权利、权利名义与要求。

第三条　关于日本国及国民在台湾及澎湖之财产及其对于台湾及澎湖之中华民国当局及居民所作要求(包括债权在内)之处置，及该中华民国当局及居民在日本国之财产及其对于日本国及日本国国民所作要求(包括债权在内)之处置，应由中华民国政府与日本国政府间另商特别处理办法。本约任何条款所用"国民"及"居民"等名词，均包括法人在内。

第四条　兹承认中国与日本国间在中华民国三十年即公历 1941 年 12 月 9 日以前所缔结之一切条约、专约及协定，均因战争结果而归无效。

第五条　兹承认依照金山和约第十条之规定，日本国业已放弃在中国之一切特殊权利及利益。包括由于中华民国纪元前十一年即公历 1901 年 9 月 7 日北京签订之最后议定书与一切附件及补充之各换文暨文件所产生之一切利益与特权；并已同意就关于

---

①　文献来源为王禹：《钓鱼岛及琉球法律文献汇编》，澳门：濠江法律学社，2013 年，第 81 页。

②　该约签订时使用的美国旧金山市中文名称为"金山市"。

日本国方面废除该议定书、附件、换文及文件。

第六条

（甲）中华民国与日本国在其相互之关系上，愿各遵联合国宪章第二条之各项原则；

（乙）中华民国与日本国愿依联合国宪章之原则彼此合作，并特愿经由经济方面之友好合作，促进两国之共同福利。

第七条　中华民国与日本国愿尽速商订一项条约或协定，藉以将两国贸易、航业及其他商务关系，置于稳定与友好之基础上。

第八条　中华民国与日本国愿尽速商订一项关于民用航空运输之协定。

第九条　中华民国与日本国愿尽速缔结一项为规范或限制捕鱼、及保存暨开发公海渔业之协定。

第十条　就本约而言，中华民国国民应认为包括依照中华民国在台湾及澎湖所已施行或将来可能施行之法律规章而具有中国国籍之一切台湾及澎湖居民及前属台湾及澎湖之居民及其后裔；中华民国法人应认为包括依照中华民国在台湾及澎湖所已施行或将来可能施行之法律规章所登记之一切法人。

第十一条　除本约及其补充文件另有规定外，凡在中华民国与日本国间因战争状态存在之结果而引起之任何问题，均应依照金山和约之有关规定予以解决。

第十二条　凡因本约之解释或适用可能发生之任何争执，应以磋商或其他和平方式解决之。

第十三条　本约应予批准，批准文件应尽速在台北互换。本约应自批准文件互换之日起发生效力。

第十四条　本约应分缮中文、日文及英文。遇有解释不同，应以英文本为准。

11. 美国民政府《关于琉球群岛之地理境界的布告》

（发布于 1953 年 12 月 25 日，即美国民政府第 27 号布告）①

告琉球群岛住民

因根据 1951 年 9 月 8 日签订的对日媾和条约之条款以及 1952 年 12 月 25 日生效的有关奄美诸岛的日美协定，有必要重新指定迄今为止琉球群岛美国民政府及琉球政府按照民政府布告、条令及指令所规定的地理境界。

故本官——琉球群岛美国民政副长官、美国陆军少将戴威德·A. D. 奥格登在此发布布告如下。

第一条　重新指定琉球群岛美国民政府及琉球政府的管辖区域为如下地理境界内的诸岛、小岛、环礁和岩礁以及领海。

以北纬 28 度东经 124 度 40 分为起点，

经北纬 24 度东经 122 度、

北纬 24 度东经 133 度、

北纬 27 度东经 131 度 50 分、

北纬 27 度东经 128 度 18 分、

北纬 28 度东经 128 度 18 分之各点至起点。

第二条　琉球群岛美国民政府有关跨越上述境界并指定设立的境界或实施管辖的布告、条令、命令或其他规定，在此均以第

———————————

① 文献来源为［日］浦野起央等：《钓鱼台群岛（尖阁诸岛）问题研究资料汇编》，励志出版社，刀水书房，2001 年，第 181 页。

一条为准加以改正。

第三条　此布告自 1953 年 12 月 25 日起实施。以民政长官命令发布之。

民政副长官

美国陆军少将

戴威德·A. D. 奥格登

昭和二十八年(1953 年)12 月 25 日

12. 琉球政府《关于尖阁列岛领土权的声明》

(1970 年 9 月 1 日琉球政府发表)①

琉球政府立法院根据尖阁列岛为我国固有国土,身为日本国民和县民不能容忍他国的侵犯,故在此发表(关于保卫尖阁列岛领土权的决议)。

众所周知,最近尖阁列岛的海底油田成为人们议论的话题,该岛已经引起世界石油界的关注。

据报道,台湾的国民政府把矿业权授与美国太平洋海湾石油公司,并以大陆架条约为依据主张尖阁列岛归属国民政府。这分明是蓄意侵害我国领土主权,是一个不容忽视的重大问题。

关于琉球列岛的范围,美利坚合众国有关琉球列岛管理的基本统治法——行政命令前言规定:"合众国根据对日和平条约之第三条,有权管辖包括领水在内的琉球列岛之行政权"(在该命令

---

①　文献来源为[日]浦野起央等:《钓鱼台群岛(尖阁诸岛)问题研究资料汇编》,励志出版社,刀水书房,2001 年,第 192 页。

中，所谓'琉球列岛'乃指北纬 29 度以南的西南群岛，并不包括和平条约该条款规定的合众国让与日本国一切权利及利益的奄美群岛在内）。亦即规定以北纬 28 度东经 124 度 40 分之点为起点，经北纬 24 度东经 122 度、北纬 24 度东经 133 度、北纬 27 度东经 131 度 50 分、北纬 27 度东经 128 度 18 分、北纬 28 度东经 128 度 18 分之各点至起点的连线区域（美国民政府第 27 号布告），指定琉球列岛美国民政府及琉球政府的管辖区域为上述地理境界内的诸岛、小岛、环礁、岩礁及领水。

历史上，尖阁列岛的存在于 14 世纪后叶为人们所知，在 1372 年至 1866 年的大约 500 年间，由于琉球的中山王朝和中国的朝贡册封关系，朝贡船、册封船频频来往于中国大陆的福州和那霸之间，尖阁列岛大致位于这些船舶的航路中间。而列岛中的鱼钓岛及其附近的小岛、岩岛因其尖岩突起成为最佳航海标志。故此，尖阁列岛诸岛的名称出现在《中山传信录》《琉球国志录》等历代册封使录、以及《指南广义》及其附图和《中山世鉴》等书中。

当时诸岛名称标为钓鱼台、黄尾屿、赤尾屿，但在冲绳的先岛把中国名称的钓鱼台、黄尾屿分别称为"Yukun""Kubashima"。由于赤尾礁靠近久米岛所以称其为"久米赤岛"。

此外，也有人称久场岛为"chausu 岛"。还把鱼钓岛称作"和平山"。对于尖阁列岛，历史上有多种文献记载，而且其名称因人而异，直至明治二十八年（1895 年）该列岛不属于任何国家所有，换言之，是国际法上的无主地。

14 世纪后，涉及尖阁列岛的琉球及中国的文献都没有明确表示尖阁列岛是本国的领土。这些文献都只不过把它作为航海标志，仅在航海日志和航海图中，或在抒发旅情的汉诗中，顺便提及尖阁列岛的岛屿名称而已。日本本土有一本林子平撰著的《三国通览图说》的文献。该文献似乎把钓鱼台、黄尾屿、赤尾屿作为中国领土加以处理。然而林子平明确指出，《三国通览图说》所依据的原著是《中山传信录》。他把《传信录》中的琉球 36 岛地图与航海图合并起来制成了《三国通览图说》。当时钓鱼台、黄尾屿等岛屿未作为琉球领土记载于 36 岛地图中，因此林子平就机械地把这些岛屿当作中国领土用颜色加以区别。但是，从《传信录》的航海图里却找不到这些岛屿属于中国领土的任何证据。航海图归根结底是为了便于指明航路而绘制的并非为划分领土而有意识制作的。

明治五年(1872 年)，琉球王国改称琉球藩，明治七年归内务省直辖，明治十二年实行县制。在明治十四年(1881 年)刊行、明治十六年改订的内务省地理局编撰的(大日本府县分割图)中，尖阁列岛已被收录在内，但未附其岛屿名称。直至明治十年代(1877—1882 年)前期尖阁列岛还是无人岛。但从后期的明治十七年(1884 年)前后起，古贺辰四郎主要在鱼钓岛、久场岛等岛屿开始采集信天翁鸟羽毛、绒毛、玳瑁盖、贝类等。根据情况的这种变化，冲绳县知事于明治十八年(1885 年)9 月 22 日第一次向内务卿呈报修建国家界桩，同时报请批准派遣"出云丸"进行实地调查。

1893 年(明治二十六年)11 月，冲绳县知事以同样理由再度向内务及外务大臣呈述该列岛应归冲绳县所辖，以及呈请修建界桩。于是，内务大臣于 1894 年(明治二十七年)12 月 27 日就提出内阁会议讨论的方式与外务大臣磋商，当时外务大臣也未表示异议。1895 年(明治二十八年)1 月 14 日内阁会议遂正式批准位于八重山群岛西北的鱼钓岛、久场岛为该县所辖，决定按冲绳县知事的密报在该岛修建所辖界碑。该指令于同月 21 日下发县知事。

明治二十九年(1896 年)4 月 1 日，根据该内阁会议决定，以命令冲绳县实施第 13 号敕令为时机，我国对该列岛完成了国内法上的编入措施。据冲绳县知事解释，第 13 号敕令中的"八重山诸岛"包括该列岛，故而在地方行政区划分上把该列岛编入八重山郡。冲绳县知事采取的把该列岛划归八重山郡的编入措施，不单单是行政区域的划分编入，同时也是国内法编入领土的措施。

其次是关于编入的尖阁列岛的范围。明治二十八年(1895 年)1 月的内阁会议决定只提到鱼钓岛和久场岛，然而尖阁列岛除上述岛屿外还包括南小岛、北小岛、冲北岩及冲南岩、称做飞濑的岩礁以及久米赤岛等，内阁会议决定却全无提及这些小岛。但是，除久米赤岛外，我国在国际法上对其它小岛屿及岩礁当然表明了领有的意图。

久米赤岛距最近的久场岛也有约 50 英里[①]，所以其领有意图的表明必须与上述诸岛屿及岩礁区别对待。上述内阁会议决定提到了鱼钓岛、久场岛，但不知何故未提及久米赤岛。不过，

————————

① 1 英里约合 1.609 千米，编者注。

冲绳县知事在 1885 年及 1890 年的呈文中，与鱼钓岛及久场岛一道经常提及久米赤岛。另外，1895 年的内阁会议按照县知事呈文批准划归冲绳县所辖，而预计按（县知事）呈文原案批准的提交内阁会议案却特地把久米赤岛排除在外，其理由未加任何说明。

《日本外交文书》汇集了有关鱼钓岛、久场岛编入过程的公函记录，在该文书中也把久米赤岛视为理所当然的编入加以对待。以上是尖阁列岛的编入经过。

截止战争爆发前夕，八重山石垣市字大川的占贺商店一直把尖阁列岛当作自己的所有土地经营伐木业和渔业，因此尖阁列岛在行政区域上属于石垣市也是不容置疑的。具体而言，尖阁列岛中的南小岛土地番号为石垣市宇登野城南小岛 2390 号，面积为 32 町 7 反 3 亩 1 步①，系古贺善次所有。此外，古贺善次所有土地包括：字登野城北小岛 2391 地号，面积为 26 町 1 反步；字登野城鱼钓岛 2392 地号，面积为 367 町 2 反 3 亩；字登野城久场岛 2393 地号，面积为 88 町 1 反 3 亩 10 步；另有属于公有土地的字登野城大正岛 2394 地号，面积为 4 町 1 反 7 亩 4 步。以上土地都有官方簿册记录在案。

国民政府无视这一确凿事实，主张领有尖阁列岛，这一做法不能不认为是趁冲绳目前这种地位企图掠夺日本领土。遗憾的是，琉球政府没有外交权，唯恳请日本政府及美国政府与中华民国交涉。故此请求两国政府采取行动。

---

① 1 町约合 1 公倾，1 町 = 10 反，1 反 = 10 亩，1 亩 = 30 步，编者注。

为保卫我国领土的完整，恳请日本政府与美国政府及中华民国政府进行强有力的谈判。

13. 日本外务省《关于尖阁列岛领有权的基本见解》

（1972 年 3 月 8 日日本外务省发表）①

自 1885 年以来，日本政府通过冲绳县当局等途径多次对尖阁列岛进行实地调查，慎重确认尖阁列岛不仅为无人岛，而且没有受到清朝统治的痕迹。在此基础上，于 1895 年 1 月 14 日，在内阁会议（"阁议"）上决定在岛上建立标桩，以正式编入我国领土之内。

从那时以来，在历史上尖阁列岛便成为我国领土西南群岛的一部分，并且不包含在根据 1895 年 5 月生效的《马关条约》第二条由清朝割让给我国的台湾及澎湖列岛之内。因此，尖阁列岛并不包含在根据"旧金山和平条约"第二条我国所放弃的领土之内，而是包含在根据该条约第三条作为西南群岛的一部分被置于美国施政之下，并且根据于 1971 年 6 月 17 日签署的日本国与美利坚合众国关于琉球群岛及大东群岛的协定（简称为归还冲绳协定），将施政权归还给我国的地区之内。上述事实明确证明尖阁列岛作为我国领土的地位。

另外，尖阁列岛包含在根据"旧金山和平条约"第三条由美国施政的地区，中国对这一事实从未提出过任何异议，这明确表明当时中国并不视尖阁列岛为台湾的一部分。无论是中华人民共和

---

① 文献来源为［日］浦野起央等：《钓鱼台群岛（尖阁诸岛）问题研究资料汇编》，励志出版社，刀水书房，2001 年，第 272 页。根据日文原文进行了校译。

国政府，还是台湾当局，都是到了 1970 年后半期，东海大陆架石油开发的动向浮出水面后，才首次提出尖阁列岛领有权问题。

而且，中华人民共和国政府及台湾当局从前提出过的，所谓历史上，地理上，地质上的依据等各类观点，均不能构成国际法上的有效论据来证明中国对尖阁列岛拥有领有权的主张。

14. 中日联合声明

(1972 年 9 月 29 日于北京签署，包括前言和正文 9 条，前言从略)①

(一)自本声明公布之日起，中华人民共和国和日本国之间迄今为止的不正常状态宣告结束。

(二)日本国政府承认中华人民共和国政府是中国的唯一合法政府。

(三)中华人民共和国政府重申：台湾是中华人民共和国领土不可分割的一部分。日本国政府充分理解和尊重中国政府的这一立场，并坚持遵循《波茨坦公告》第八条的立场。

(四)中华人民共和国政府和日本国政府决定自 1972 年 9 月 29 日起建立外交关系。两国政府决定，按照国际法和国际惯例，在各自的首都为对方大使馆的建立和履行职务采取一切必要的措施，并尽快互换大使。

(五)中华人民共和国政府宣布，为了中日两国人民的友好，放弃对日本国的战争赔偿要求。

---

① 文献来源为中华人民共和国外交部网站，http：//www.fmprc.gov.cn/mfa.chn/。

（六）中华人民共和国政府和日本国政府同意在互相尊重主权和领土完整、互不侵犯、互不干涉内政、平等互利、和平共处各项原则的基础上，建立两国间持久的和平友好关系。

根据上述原则和联合国宪章的原则，两国政府确认，在相互关系中，用和平手段解决一切争端，而不诉诸武力和武力威胁。

（七）中日邦交正常化，不是针对第三国的。两国任何一方都不应在亚洲和太平洋地区谋求霸权，每一方都反对任何其他国家或国家集团建立这种霸权的努力。

（八）中华人民共和国政府和日本国政府为了巩固和发展两国间和平友好关系，同意进行以缔结和平友好条约为目的的谈判。

（九）中华人民共和国政府和日本国政府为进一步发展两国间的关系和扩大人员往来，根据需要并考虑到已有的民间协定，同意进行以缔结贸易、航海、航空、渔业等协定为目的的谈判。

15. 中日和平友好条约

（1978 年 8 月 12 日于北京签署，包括前言和正文 5 条，前言从略）①

第一条

一、缔约双方应在互相尊重主权和领土完整、互不侵犯、互不干涉内政、平等互利、和平共处各项原则的基础上，发展两国间持久的和平友好关系。

二、根据上述各项原则和联合国宪章的原则，缔约双方确

---

① 文献来源为中华人民共和国外交部网站，http：//www.fmprc.gov.cn/mfa.chn/。

认，在相互关系中，用和平手段解决一切争端，而不诉诸武力和武力威胁。

第二条

缔约双方表明：任何一方都不应在亚洲和太平洋地区或其他任何地区谋求霸权，并反对任何其他国家或国家集团建立这种霸权的努力。

第三条

缔约双方将本着睦邻友好的精神，按照平等互利和互不干涉内政的原则，为进一步发展两国之间的经济关系和文化关系，促进两国人民的往来而努力。

第四条

本条约不影响缔约各方同第三国关系的立场。

第五条

一、本条约须经批准，自在东京交换批准书之日起生效。本条约有效期为十年。十年以后，在根据本条第二款的规定宣布终止以前，将继续有效。

二、缔约任何一方在最初十年期满时或在其后的任何时候，可以在一年以前，以书面预先通知缔约另一方，终止本条约。

主要参考文献

韩铁英. 2011. 列国志·日本. 北京：社会科学文献出版社.

米庆余. 1998. 琉球历史研究. 天津：天津人民出版社.

纪连海. 2011. 琉球之谜. 北京：北京大学出版社.

米庆余. 2010. 日本近现代外交史. 北京：世界知识出版社.

王振锁，徐万胜. 2010. 日本近现代政治史. 北京：世界知识出版社.

宋志勇，田庆立. 2010. 日本近现代对华关系史. 北京：世界知识出版社.

杨栋梁. 2010. 日本近现代经济史. 北京：世界知识出版社.

伊文成，马家骏. 1987. 明治维新史. 沈阳：辽宁教育出版社.

郑海麟. 2007. 钓鱼岛列屿之历史与法理研究（增订本）. 北京：中华书局.

井上清. 2013. 钓鱼岛的历史与主权. 贾俊琪，于伟译. 北京：新星出版社.

村田重禧. 2013. 日中领土争端的起源. 韦平和等译. 北京：社会科学文献出版社.

新崎盛晖. 2010. 冲绳现代史. 胡冬竹 译. 北京：生活·读书·新知三联书店.

姜鸣. 2012. 龙旗飘扬的舰队：中国近代海军兴衰史（增订本）. 北京：生活·读书·
  新知三联书店.

戚其章. 2005. 甲午战争史. 上海：上海人民出版社.

刘少东. 2011. 日美冲绳问题起源研究（1942—1952）. 北京：世界知识出版社.

浦野起央，刘甦朝，植荣边吉. 2001. 钓鱼台群岛（尖阁诸岛）问题研究资料汇编. 励
  志出版社，刀水书房.

王禹. 2013. 钓鱼岛及琉球法律文献汇编. 澳门：濠江法律学社.

声　明

　　本书部分图片由于权源不祥，未能联系到版权所有者，在此深表歉意。请相关著作权人见书后与海洋出版社联系。